# 商经

子浩◎编著

中国华侨出版社

·北京·

**图书在版编目 (CIP) 数据**

商径／子浩编著 .—北京：中国华侨出版社，
2005.10（2024.11 重印）
ISBN 978-7-80222-011-9

Ⅰ . 商… Ⅱ . 子… Ⅲ . 商业经营—基本知识
Ⅳ .F715

中国版本图书馆 CIP 数据核字（2005）第 119026 号

## 商　径

编　著：子　浩
责任编辑：刘晓燕
封面设计：胡椒书衣
经　销：新华书店
开　本：710 mm×1000 mm　1/16 开　　印张：12　　字数：125 千字
印　刷：三河市富华印刷包装有限公司
版　次：2006 年 1 月第 1 版
印　次：2024 年 11 月第 2 次印刷
书　号：ISBN 978-7 -80222 -011-9
定　价：49.80 元

中国华侨出版社　北京市朝阳区西坝河东里 77 号楼底商 5 号　邮编：100028
发 行 部：（010）64443051　　　传　真：（010）64439708

如果发现印装质量问题，影响阅读，请与印刷厂联系调换。

# 前　言
## Preface

　　古人云：以铜为镜，可以正衣冠；以史为镜，可以知兴亡；以人为镜，可以明得失。而在市场竞争激烈的今天，以商为镜，可以开辟一条通往财富之路。

　　也许你正满怀雄心壮志，想把原有的生意做大，并且注册一家属于自己的公司；也许你已创业成功，现在正苦心经营，想让公司更上一层楼；也许你的公司经营状况良好，生意兴隆，前景辉煌……无论你的事业走到了哪一步，都得为下一步考虑，都得借鉴他人的成败，找到一条通向更广阔天空的经商大道。

　　商海扬帆不是一件易如反掌的事，其中必然有许多门道，要想成功就必须从社会中及时借鉴。有些老板出道伊始，并没有摸清这些门道，也未借鉴他人经验，结果经过几年的滚打，非但没有赚到钱，反而连遭挫败；有些运气好的经营者，历经几起几落，好不容易站稳了脚跟，但这些老板的心里也未必踏实，特别是看到那些昔日与自己平起平坐，而如今正迅速发展壮大的成功同仁，心中不免惶惶然。回顾自己走过的路，却蓦然发现很多弯路都是可以借鉴他人而避免的。路都是人走出来的，经商之路的铺就需要具有更加虔诚的学习态度。

在当今全球经济一体化的时代，做生意已不再是往日那种买与卖的简单结合，而是包含着市场需求，战略决策，广告宣传，营销技巧，售后服务，顾客保持等一整套的商业运作体系。市场有市场的游戏规则，在商海中驰骋的商人要想成功就得按规则自我调整。正如著名的洛克希德·马丁公司CEO诺曼·奥古斯丁所言："世界上只有两类企业：一种在不断变化，另一种被淘汰出局。"

在这个竞争激烈、复杂多变的年代，市场不相信眼泪，商海之途充满血腥。如何度过一轮轮严酷的市场考验，在激烈的竞争中立于不败之地呢？

本书将一面面镜子立于你从商的道路上。在这里，反照出的是生存法则，反照出的是发展途径，反照出的是新一轮变革。从这里得到的启示，能带动你去开拓更广阔的市场，赚取更多的财富，获得更充实的人生。只要时刻对照，最终你将成为一名成功的商人，能把自己的从商路越走越宽、越走越顺畅。

# 目 录
Contents

## 第一章

## 以远入径
## ——眼光长远才能把生意做大

不谋全局者，不足以谋一域；不谋长久者，不足以谋一时。在市场瞬息万变的今天，不会有永远的热门，也没有真正的冷门。谁眼光长远，谁就获利丰厚。那些只注重眼前小利的商人，最终会在竞争中被淘汰。如果你想在商海中站住脚，如果你想把自己的生意做大，那么请拿起你的望远镜看前方。

# 第二章
## 以面入径
### ——有了面子才能赚到银子

在市场竞争激烈的今天，与其说顾客在选购商品，倒不如说商人们在争夺顾客。商人要使顾客选择自己，就必须对着镜子进行梳妆，打扮得使自己能够光彩夺目，顾客才会选择你。总之一句话，要想赚到银子，从面子入手是一条必走之路。

# 第三章
## 以细入径
### ——对细节的关注决定经商成败

很多时候，成败之所以在一线间，一些不起眼的小问题起了关键作用。有的商人在山穷水尽之时，由于细心而反败为胜；有的商人距金山只一步之遥，反因大意而功败垂成。拿起你的放大镜，关注每一个细节，经商之路才会走得稳如磐石。

# 第四章

# 以变入径

## ——及时发现问题迅速解决问题

我们每个人都希望自己的事业能够一帆风顺，不愿看到出什么问题，害怕由此引来失败。可有时往往越是担心的事，越容易发生。对于生意中出现的各种问题，逃避和漠视只是不负责任的选择，及时发现并解决它才能使你走向成功。应变能力是一个商人绕过磕绊和陷阱的必备武器。

## 第五章
# 以深入径
# ——不被虚假的表象所迷惑

海市蜃楼虽然令人憧憬，但它带来的只是不切实际的幻影。同样，商场上的种种虚假信息也常常困扰着我们。更令人烦恼的是有很多时候，我们无法分清哪些是真，哪些是假。常言道，假到真时真亦假，就像我们站在哈哈镜前的时候，镜子里面的那个人是你吗？商路上的真假是非必须分清，否则商路再宽，等着你的也只有死胡同。

## 第六章

# 以知入径
## ——了解对手才能战胜对手

兵法云：知己知彼，百战不殆。在商场中，商人做生意的目的是谋利，利益的追逐会产生多寡的差异，这必然会与他人产生利益上的冲突，从而引发双方，甚至多方之间的激烈竞争。要想在竞争中立于不败之地，就必须在了解自己的同时，也了解对方。只有如此，才能掌握市场竞争的主动权，并最终战胜对手。

# 第七章
# 以合入径
# ——从合作中谋发展

在现今高科技信息时代，独自一人闯天下来获取成功的梦想，往往被现实无情击碎。在残酷的社会竞争面前，要想成功，单凭个人力量是很难取得持久性成就的。当两个或两个以上的人在任何方面把自己联合起来，建立和谐与谅解后，每一个人将因此倍增他们成就事业的能力，商人做生意尤是如此。

## 第八章

# 以换入径
## ——学会换一个角度看问题

"横看成岭侧成峰，远近高低各不同。"所有成功的商人都有一套
自己的"路子"。不难发现，他们的目标虽然同是赚钱，但达到
目标的方法却存在很大的差异。很多时候，经营手法的特殊，使
他们更快走向成功。只要你细心留意，学会用多棱镜观察问题、
寻找商机，定能印证那句俗话："条条大路通罗马"。

第九章

# 以险入径
## ——无限风光在险峰

商场如战场，走出去的每一步都意味着风险和失败，也正是因为这样，那些从困境中拼搏出来的商业英豪才令人肃然起敬。冒险并不意味着蛮干，而是从积极开拓中，从战略转型中，从与时间赛跑中寻找机会。它的价值不仅在于可以把握住机会，其行动本身同样可能创造出产生财富的机会。

# 第一章

# 以远入径

## ——眼光长远才能把生意做大

不谋全局者，不足以谋一域；不谋长久者，不足以谋一时。在市场瞬息万变的今天，不会有永远的热门，也没有真正的冷门。谁眼光长远，谁就获利丰厚。那些只注重眼前小利的商人，最终会在竞争中被淘汰。如果你想在商海中站住脚，如果你想把自己的生意做大，那么请拿起你的望远镜看前方。

## 坚持自己的眼光

维尔地方正闹着经济不景气，不少工厂和商店都纷纷贱价抛售自己存货，以至 1 美金可以买 100 双袜子。

一个织造厂的小技术工人见到货物如此便宜，便马上拿出多年的积蓄来收购货物。别人纷纷嘲笑他傻，妻子也劝他不要把钱扔到火里去，但这个技术工人不为所动。

价格仍在下跌，工厂便用焚烧的办法处理商品，以稳定物价。由于货物焚烧过多，开始出现紧缺。不久，物价因此直线上升。

技术工人见状，大量抛售自己的货物，从中狠狠地赚了一笔。他用赚来的钱开了几家百货商店，成为当地的百货巨子。

挖掘机遇，要有善于逆向思维的头脑。这名技术工人为何能将不是机会的机遇转化成腰包里的银子呢？因为他预见到：抛售至极，货物短缺，物价必然上扬。他坚持凭自己的眼光收购，当货物紧俏，供不应求时，立马日进斗金。

////// **商径深解** //////

囤积居奇往往是商人牟取暴利的常用手段。这种手段的指导"理论"就是低价囤冷货，造成供不应求，市场价格因此上升，再高价出售，以赚取两者之间的差价。实际上，在市场竞争激烈和社会生产力极度发达的今天，以传统的方式囤积居奇必须具备雄厚的经济实力才能见效，更多的是遵循商品价值规律的变动。

坚持自己的眼光，保持理性的思维，做到进退有据，就能创造一个财富神话。

## 打破常规的程序

上海集装箱公司老板提着八百余万元现款来找郑总的汽车销售公司，欲购 20 辆红岩·斯泰尔载重汽车。这对郑总的公司无疑是一大笔业务。只要他用这笔现款到厂家提出车来，一辆净赚一万元差价。但他并没有马上去拿这 20 万可以轻易到手的利润，他感觉到这是个难得的机会，他要利用这个机会赚更多的钱。于是，他迅速利用自己的信息资源，获知一条有关的信息。

那条信息是：上海宝钢有 600 万元废渣款几年收不回，其中本金 400 万，利息就占 200 万，可见这是一笔多年的烂账。经了解，欠债方是武汉大冶钢厂。

郑总带着秘书小刘立即飞往武汉，他此行目的是弄清大冶厂生产什么产品，哪些产品销不出去。介绍过程中，发现"大冶"积压的产品目录中，有一种用于生产汽车齿轮的专用钢材——20铬锰钛。这种钢材恰恰是四川綦江齿轮厂生产齿轮求之不得的原材料。但綦江齿轮厂由于流动资金困难，无法购进，以致生产处于半瘫痪状态。

于是，一个由四方构成的多角连环生意便在郑总脑子里清晰起来。他立刻邀请"大冶"、"綦齿"、"斯泰尔"汽车公司、上海"宝钢"的老总们赶到上海来商洽合作事宜。

郑总说服"宝钢"，他以斯泰尔汽车向"宝钢"担保，欲购买"宝钢"那笔600万的债权，将"大冶"欠"宝钢"的600万债务转到他公司的账上。换句话说，他替"宝钢"向"大冶"索债，原来"大冶"欠你"宝钢"的600万，现在让"大冶"欠我，而我在四个月内为你"宝钢"收回这笔债。但郑总的条件是：只还"宝钢"400万元本金。

"宝钢"一想，能收回400万总比一分钱收不回好，虽然不赚，但也没有亏，便签约。一纸合同，郑总赚了"宝钢"200万债权。

那么"大冶"现在欠郑总的600万以什么方式偿还呢？"大冶"没有钱并不要紧，郑总说，拿你们厂的铬锰钛钢材抵债便是。"大冶"一听，欣然应允。因为郑总这一招既使"大冶"抵销了债务，同时还为"大冶"销了货，"大冶"何乐而不为？

正在皆大欢喜之际，郑总让"大冶"再次兴奋：他打算用600万债权换1400吨钢材之外，注入现款500万再购买1200吨钢材。"大冶"把郑总奉为"上帝"，自然也就满足了郑总"在价格上整体下浮15％"

的小小要求。这等于说，郑总用 600 万债权和 500 万现款，从"大冶"一共拿到了相当于原价计 1265 万元的铬锰钛钢材。

现在轮到郑总与綦江齿轮厂商谈了。

"綦齿"无钱，却想要这批铬锰钛钢材。郑总原本就并不打算让"綦齿"付现金，而是想换他们的齿轮产品。鉴于这笔交易将为"綦齿"解决生产上的燃眉之急，且以货抵货，故"綦齿"同意郑总在原价基础上上浮 10％ 的要求。双方成交后，郑总所拥有的债权已经变成了价值 1391.5 万元的汽车配件——齿轮。

接下来的事情就简单了。

他把齿轮供给红岩·斯泰尔汽车公司，换回价值 890 万元的 20 辆汽车，同时收 500 万元现金（这 500 万元现金用于购买"大冶"铬锰钛钢材时周转）。20 辆汽车到手后，郑总便通知上海集装箱公司前来付款提货。从所收到的 890 万现款中扣除 400 万还清"宝钢"之后。郑总的公司净赚 490 万元。

到此为止，郑总共花了一个星期，成功地完成了一次精彩漂亮的商业投资。不仅迅速地为四家国有企业的三角债解了套，而且自己还抓住了发财的机会。

一个并不起眼的小机会，经过几个回合眼花缭乱而又迅速无比的利益整合，变成一桩大生意，郑总之所以成功是因为准确地抓住了各个利益相关方经济往来形成的利益增值空间，以闪电般的速度敦促各方进行合作和妥协，从而做成了一桩利润几十倍于 20 辆斯泰尔的买卖！

当看到某商品处于热卖中时，商家蜂拥而至，结果竞价而销，获利极少，甚至赔本；而当某商品低价销售了很长时间，价格即将反弹之时，很多人却依然被蒙在鼓里，没有清醒地认识到商机即将到来，于是又与财富擦肩而过。其实，除了极特殊的情况外，如国家限价等，商品价格的变动幅度和周期都是很有规律的，只要你保持头脑冷静，进行逆向思维，就能准确把握价格变动规律，从冷清的市场行情中找到即将热起来的卖点。

### ///// 商径深解 /////

大家同样做生意，为何有的快速发展，财源滚滚；有的原地踏步，惨淡经营；甚至有的经营不善，倒闭收场呢？

一个成功的商人，总能打破常规的程序创造出契机，常常与机会结缘，并能借助种种因素，谋取更多的利润。这就要求我们不仅要把握机会，更需要千方百计延伸触角，创造机会。按部就班和循规蹈矩在商场上只是"失败者"的代名词。很多打破常规者之所以成功是因为他们看得远，他们知道怎样避开因打破常规带来的风险，知道在风险后潜藏着惊人的利润。

做生意就不能只满足眼前的收益，更需放眼四周，看得长远，以谋取尽可能多的利润为最终目的。而在法律允许的范围内敢做敢闯则是造就辉煌的试炼场。

# 以策略联盟增强市场竞争力

广东惠州 TCL 集团是一家以通信和电子为主的大型企业集团。TCL 王牌彩电使其一飞冲天，该公司采取相互合作的策略联盟是其成功的关键。

早在 TCL 公司发展之初，公司决策者就制定出"品牌优先"的战略，后来的事实证明，这是一个极富远见的决策，甚至可以毫不夸张地说，品牌奠定了 TCL 集团日后大发展的基础，也直接催生了 TCL 王牌彩电。

在掌握了品牌这样的关键性资源后，TCL 选择了相对稳健的策略联盟，其联盟的伙伴就是香港长城公司。

设在惠州的香港长城公司是一个彩电生产基地，成立于 1990 年，没有内销指标，只是按境外来料加工的订单进行生产，到 1993 年其生产能力已达到年产 80 万台。由于没有品牌，在销售上陷入了被动局面。1993 年，当国内彩电生产进入超饱和状态时，长城公司的订单已少到难以维持的程度。长城公司和 TCL 公司的合作对于双方都十分必要。在 1993 年，两家与陕西咸阳彩虹集团共同成立了"惠州彩虹电子有限公司"，由 TCL、长城和咸阳彩虹集团三家合资，各占相同的股权。之所以邀请彩虹集团加入，是因为咸阳彩虹的优势就是有一张彩电生产许可证。因为无论是 TCL 还是香港长城，都没有内销的资格，咸阳彩虹的加入使这一策略联盟更为典型。三家各展所长，共同获利。

TCL 人在完成策略联盟后便开始开拓市场，他们勇敢地预测大屏幕彩电将是中国下一代彩电竞争的焦点，他们在分析了国内外彩电厂商在中国市场上的竞争态势后认为，对于包括 TCL 在内的中国彩电厂商来说，大家一起做大屏幕，就等于都站在同一条起跑线上。

当时具有这种超前意识的不止 TCL，许多彩电生产商都开始进行大屏幕彩电的开发工作。一家著名企业很快就完成大屏幕彩电基本功能的开发工作，却迟迟没能批量投产，他们想要做到更好，但精益求精有时候也会丧失市场商机。

"而当时我们的目标是，功能再简单也要把大屏幕彩电做出来，"TCL 老总说，"在中国你要全制式干什么？要丽音干什么？我们把能够减掉的功能尽量减掉。价格降下来，消费者就能接受，满足他们的要求是一步步来的。"在这一原则下，TCL 王牌在 1993 年上半年就开始推出功能简单的"TCL 王牌"大屏幕彩电，29 彩电的市场价格在六千元左右，到年底已经售出十多万台。

这一年，TCL 王牌总产量的 70％ 都是大屏幕彩电，一开始就明确了以大屏幕彩电为主的经营方向。

与香港长城的合作中，TCL 除对产品品质的关键环节有所监控外，一心致力于"TCL 王牌"的品牌推广和市场销售。而生产环节基本上是由富于生产管理经验的香港长城公司负责。这种分工极有利于双方在联盟中各自发挥优势。最终造就了"TCL 王牌"的成功。

### 商径深解

喜欢单打独斗，用在生意上必定会碰得头破血流。在今天，只有本着互惠互利的态度广为合作，才能更快地发展起来。其中最有效的方法之一就是策略联盟。

策略联盟是一种正在世界范围内成为潮流的企业经营管理手段，它是指几家拥有不同关键资源的公司进行联盟，融合彼此的资源以创造竞争优势。

从长远看，企业间通过相互资源的优化配置可以使生产效率得到提高，利润从而最大化。当竞争加剧，企业为增强自身的竞争力，大都会有如此的强强联手。它们通过策略联盟形成竞争对手难以企及的实力，从而赢得市场先机。如索尼、爱立信的合并，惠普、康柏的并购、美国在线并购时代华纳等。这样的策略还能在很大的程度上弥补企业原有的劣势，有效整合各方资源，对于企业的发展有着极其重要的作用。

作为商人，眼光必须长远，多方观察选好合作伙伴，从合作中促发展是企业做大、做强的必由之路。

## 善于看清财势走向

日本广岛市水道局打算将埋在市区的电线、煤气管和自来水管的阀门位置、各类管道和铺设时间等，绘制出一幅能用电子计算机控制的示意图。水道局的预定价格为 1100 万日元。当时共有 8 家公司参加投标，报价分别为 2700、980、55、45 和 35 万日元。

拥有大型计算机厂家的富士通公司的最后报价竟只有象征性的 1 日元，以其几乎完全免费的绝对优势，逼得其他公司纷纷退场，一举中标。

　　富士通为什么要这样做？为人家生产耗资 1100 万日元的产品却只收 1 日元的报酬？不要以为富士通是有利不图的傻瓜，富士通是在运用"图大利敢弃小利"的计谋。它要通过丢弃这 1100 万"小利"，赚上比这大几十乃至上百倍的大生意。

　　原来日本政府建设省早已发出通知，要求包括东京在内的 11 个大城市都要把铺设在地下的管道绘制成电子计算机能够控制的示意图，广岛不过是率先付诸实施的城市而已。

　　富士通若能在广岛中标并绘制成功，便可为其在其他 10 个城市的招标竞争中增加了必胜的实力。更为重要的是，日本政府的最终计划是要根据绘制出的示意图来设计和安装电子计算机。富士通丢弃这 1100 万日元顺利中标并争取到了示意图的设计权，于是就可以设计出符合自己计算机特点的图纸，也就等于把非富士通牌的计算机的硬件、软件统统排斥到这一市场的千里之外，自己却成了使用这一图纸以控制地下管道的唯一的计算机生产厂家。

　　试想，如此巨大的市场潜力，如此巨大的生意利润，岂是 1100 万日元的损失可以比拟的？

　　1935 年，日本索尼公司试制成功了第一台晶体管收音机。这种收音机体积虽小，但与原来社会上通用的笨重的真空管收音机相比，性能却大大提高了，而且也非常实用。考虑到日本是个资源小国，而且市场容量也不大，所以产品只有出口才能有所作为，公司创始人盛田昭夫决定用新产品首攻美国大市场。经过艰难的推销工作，新产品的订单渐渐多了起来。

# 抓牢流动货币的流动规律

让人大为惊喜的是，有一天突然冒出一位客商，居然一次要订 10 万台晶体管收音机。10 万，这在当时近似于天文数字。10 万台订货的利润足以维持索尼公司好几年的正常生产。全公司的职员无不为此欢欣鼓舞，都希望给这位客商以优惠，尽快订下合同。

不料公司总部突然宣布了一条几乎是拒绝大客商订货的奇异价格"曲线"：订货 5000 台者，按原定价格；订货 1 万台者，价格最低；订货过 1 万台者，价格逐渐升高，如果订货 10 万台，那么只能按照可以使人破产的高价来订合同。

如此奇异的价格"曲线"令公司职员及客商大为不解。因为按照常理，总是订货越多，价格也就越低。

什么原因呢？盛田昭夫后来向他的职员透露了他"着眼将来，力避后患"之计。当时索尼公司的年产量还远远不到 10 万台这个数字。如果接受这批订货，那么生产规模就必须成倍地扩大。可是如果公司筹款扩大生产规模以后，再也没有现在这样的大批量订货，那么结局只能是刚刚起步的公司可能会马上破产。

这里富士通和索尼公司都是先放弃"盆"中小利而得到"锅"中大利，它们均从财势的长远走势做出经营决策。

### 商径深解

有的人做生意既看着盆里的，又盯着锅里的，所以在这一锅粥里，他总能吃得最多。正所谓眼睛只在一盆，利益也只能局限于眼前那一点。

真正精明的商人更善于从长计议，为未来打算，看清财势的走向再做决定。

财势的变动一般取决于三个方面：

一是企业变化。企业自身的经营方向和规模大小是所有一切的基准，无论市场有多大，吃不下无法获利，不考虑市场潜力，吃不饱就要亏本。

二是市场变化。某些商品原来销售很畅，现在忽然疲软、卖不动了；或是过去没人买，突然现在抢手了。这种市场变化，表面看难以解释，其实都有原因可查。不外乎是商品生产量多了或少了、质量变好还是变坏了，或是某些经营者实行了促销措施，做了广告宣传，在消费者中间产生积极影响的结果。预先了解到这种情况，就可以预见到市场行情的变化。

三是政策变化。政府根据某种情况，对某种商品提出了调控政策，必然引起市场变化，比如政府将粮食、棉花收购价格提高了，必然产生连锁反应，用棉花生产的棉布、针织品也会随着上涨，以粮食为原料的食品、饲料也将随着涨价。掌握了这些方面的变化因素，就能为进一步预测行情做好准备。

如果你善于观测市场的远景，就等于掌握了财势走向，就可以对未来的变化做出判断，为今后的行动进行准备。

# 用别人的智慧为自己赚钱

一个小女孩终于到了神往已久的美国迪斯尼乐园，而且她还幸运地遇见了乐园的创办人沃尔特·迪斯尼。小女孩激动地说："您真伟大！您创造了这么多可爱的动画朋友。"

沃尔特·迪斯尼微笑着回答："不，那些是很多叔叔阿姨们创造出来的，不是我的功劳！"

小女孩好奇地问："那些可爱的朋友遇到的有趣故事应该是您创作的吧？"

老人还是平静地笑着："也不是，是许多聪明的富有想象力的作者和制作员想出来的！"

小女孩认真地打量着自己心目中的大人物，不甘心地问："可是……可是您到底做了些什么呢？"

沃尔特·迪斯尼爽朗地笑了，抚摸着小女孩的头，说："我所做的就是不停地发现这些人，把他们的智慧展现出来啊！"

## 商径深解

在商海中，短视者通常故步自封，他们以自己的努力来发展；而眼光长远的商人则四处寻找他人的成就，并把其中有前景的转化为生产力来为自己谋利。创新不一定要凭空设想，在别人的基础上做得更好同样是创新。利用别人的智慧能加快自己前进的步伐，对于有一定经济实力的人来说，把别人的智慧成果通过合法的程序拿来己用，不失为一条通向成功的捷径。

　　每个人只有一个脑袋，容量有限，就算打破脑袋，也不一定能搜出多少有价值的东西来。如果善于利用别人的智慧，就有多颗脑袋的珍藏可供自己选择，岂不比光靠自己冥思苦想来得轻松愉快。

　　当然，使用别人的智慧也是必须多重考虑的：

　　首先，智慧的发展前景。无论在什么行业，其发展前景良莠不齐，要购买别人的智慧成果，必须考虑可操作性和实用性，即某种产品能生产出来，并为广大消费者广泛接受，或某项技术能够推广并有较长期的应用性，只有这样的智慧，其发展前景才是好的。

　　其次，任何人都要依自己的资金情况量力而行，如果倾其所有购回某项专利成果，却没有资金生产或应用，那岂不是白买。

　　总之，一个成功的商人靠的不仅是自己的智慧，更多的是他人的智慧。

# 收购技术使起点变高

　　1998年3月30日，世界汽车界又掀起兼并巨浪。德国宝马汽车公司以10亿马克（合5.72亿美元）的标价，击败德国大众和另外两个汽车公司，收购了被视为英国皇家"坐骑"制造商的劳斯莱斯汽车公司。

　　宝马公司收购劳斯莱斯就是看准了其"世界第一"的汽车核心技术，

这样的核心技术为宝马所能带来的发展机遇是无价之宝。所以宝马没有一味依靠自身的研究与开发，而是采取购买方式获取了劳斯莱斯的核心技术。

宝马公司的做法是十分明智的。它对劳斯莱斯的核心技术早已"垂涎已久"，"虎视眈眈"。但它对自己的能力心知肚明：宝马与劳斯莱斯有很大差距，如何增强自身核心能力，提高汽车性能，一直困扰着它。现在天赐良机，劳斯莱斯的母公司维克斯发动机公司发出招标底价40亿英镑准备出售劳斯莱斯公司，宝马岂有错过之理！宝马此次收购方案中除了5.7亿美元的收购价外，还包括在今后十多年中向劳斯莱斯汽车公司注入16亿美元巨资用于建设新的生产线，将依托劳斯莱斯公司的核心技术优势，继续在英国本土制造劳斯莱斯汽车。宝马不仅获取了劳斯莱斯的技术，又得到劳斯莱斯的声誉，迅速增强了自身竞争力，可谓一举两得。

通过购并、重组等资本运营方式进行"强弱联合"、"强强联合"、扩张，能使企业起点更高，规模迅速扩大，增加市场份额和发挥竞争优势，达到超常规发展的目的，因而成为著名企业常用的扩张策略之一。宝马正是通过这一途径发展壮大的。

确实，对于多数中小企业而言，"八仙过海，各显神通"，最有效的方法之一更是"拿来主义"。

### 商径深解

现代企业竞争实质是核心技术与能力的竞争，归根到底是研究与开发的竞争。各大企业在进行技术与能力较量时，可采取两条途径：

一是自行研究与开发。这需要自己有雄厚的财力，强大的人才储备，敏锐的洞察力和正确的预测、决策。科技投入是一项庞杂的巨大工程，也是一项高风险工程，失败率相当高，能有 10%—20% 的成功率就很不错了。

二是购买研究与开发成果，直接"拿来"，"借鸡生蛋"，"借腹生子"。这样做的好处是可以大大缩短开发周期，压缩核心能力的培养时间，降低科研投入以规避市场风险。当然，直接把别人的研究成果拿来，是要花代价的，关键看代价花得是否值得，收益是否大于代价。

能够运用"拿来主义"购买完整的技术，而不是重新摸索、仿制，对那些资金和技术都不是很强的中小企业来说，是明智之举。处于行业前沿的大企业，往往都十分注重对技术的不断革新。它们通常有专门的部门四处寻觅本领域内产生的新技术，一旦证实可用，就不惜重金购买，这也是它们长久垄断市场的绝招之一。

第二章

# 以面入径

## ——有了面子才能赚到银子

在市场竞争激烈的今天，与其说顾客在选购商品，倒不如说商人们在争夺顾客。商人要使顾客选择自己，就必须对着镜子进行梳妆，打扮得使自己能够光彩夺目，顾客才会选择你。总之一句话，要想赚到银子，从面子入手是一条必走之路。

## 好产品更要好宣传

数十年前，重光武雄还是日本一个农家小孩，而今，他已经是"乐天株式会社"的社长。由于其经营战术独具魅力，"乐天"的各种产品在日本市场的占有率极高，尤其是其生产的"乐天"牌口香糖，竟占有日本市场的3/4，在日本民众中声誉卓著，生意十分兴旺。

乐天企业的市场如此广阔，重光武雄到底施用了何种战术呢？

重光武雄认为，他的成功秘诀就是——重视广告宣传。他从创业之初，就一直认为：好的产品要有好的广告宣传才能吸引消费者，才能扩散它的影响力，最终才能打开市场销路。在产品销路越不景气时，就越是要加大广告宣传的力度。广告对于一个企业的成败具有重大意义。从某种意义上来说，广告是一个企业成败的"生命线"。因此，乐天公司十分重视广告的投入，有时甚至采取密集轰炸的办法，一个广告，四处传播，弄得到处是"乐天"，看得人眼花缭乱。所以乐天公司每年广告预算支出高达数十亿日元，约占总营业额的1/10。

诚然，几乎每一位企业家都知道广告宣传的重大作用。但是不同的广告形式，其效果往往有天壤之别。重光武雄在广告宣传上，经常别出心裁，怪招频出，以奇制胜，从而被松下幸之助称之为"领导了广告新潮流的广告奇才"。

"跟我有血缘关系的亲人都被加工成了火腿！"

20世纪50年代，在"乐天"与"哈里斯"激烈争夺日本市场的时候，重光武雄组织过浩浩荡荡的"自行车部队"，到全国各地展开宣传攻势，使"乐天"的知名度很快压倒了对手。1955年11月，重光武雄又利用日本首家电视台开播的机会，组织了一次大规模的"乐天小姐"竞选活动，用豪华轿车改装成的宣传车每天在各大闹市区招摇过市，各大报纸接连报道"乐天口香糖寻找美女"的消息，"乐天选美"一时间成了街谈巷议的话题，"乐天"的声望又迅速提高了。但是，重光武雄还不罢休，"乐天小姐"产生后，他又别出心裁地让"乐天小姐"巡游全国。让那些花枝招展、神采飞扬的乐天美女乘坐宣传车，到处施展"握手攻势"。结果，通过这次宣传活动，"乐天"在日本几乎变得尽人皆知。1956年，日本第一支南极探险队成立了，他抓住这次绝好的机会，让公司研究人员集中精力试制出了一种超低温下物理特性不变化的"特种口香糖"，送给南极探险队，"赠送仪式"搞得十分隆重。1957年，日本东京大学一位医学教授发表了一篇题为《咀嚼口香糖对平衡头脑活动的影响》的学术论文，"乐天"对此广泛宣传，搞了一次大规模的促销活动。1961年，"乐天"又进行"千万日元奖金大特卖"，凡购买"乐天"口香糖的人都可领取一张幸运券，获奖者可得到1000万日元的奖金，立即在全国引起轰动。

1964年，一个难得的机会又被重光武雄抓住了，并开拓出了国际市场。原来，这年3月，法国有一位名叫亚兰德伦的著名影星访问日本，他的一言一行为千百万追星族所关注。为了将"乐天"口香糖产品推向国外，重光武雄使出浑身解数，邀请亚兰德伦参观自己的公司。在试吃口香糖时，亚兰德伦脱口说了一句极为幽默的话："我不知道日本也有这么棒的巧克力！"这句本是不经意说出的话，后来却被重光武雄加以利用，广为宣传。他在东京电视台包下一个"名人名言"的节目，反复宣传亚兰德伦这句赞扬"乐天"口香糖的幽默话语。一时间，千百万追星族对"乐天"口香糖趋之若鹜，都以一尝为快事。"乐天"口香糖几天之内便卖空了库存，加班加点生产仍供不应求。影响更为深远的是远在德国的青年，经电视一转播，也对日本"乐天"口香糖产生了极大兴趣，四处托人购买。没多久，乐天公司就向德国大量出口其"乐天"牌口香糖，受到德国人的广泛喜爱，被称为"乐天巧克力"，很快占领了德国市场。

1971 年，重光武雄为了进一步扩大媒体宣传，他还做了一个大动作，斥资 6 亿日元，买下了日本"大海"棒球队，将它改组为"乐天球团公司"，并重金礼聘著名球员进行训练。不到三年时间，这支棒球队便打遍日本无敌手，乐天产品也因此出尽了风头，销售量飞速蹿升，不仅赚回了所耗费的广告宣传费，还获得了可观的盈利；更重要的是，"乐天"的知名度在日本民众中与日俱增。

正如松下幸之助对重光武雄"领导了广告新潮流"的评价，重光武雄之所以能领导乐天公司取得今天的骄人成绩，完全是在营销战术中巧打"广告"牌的结果。

### 商径深解

广告是一门经营艺术。作为企业的窗口，一个好的广告能推动产品的销售，使企业迅速崛起。在"好酒也怕巷子深"的今天，每个行业的产品都在日趋丰富。顾客会选择哪个种类，哪个品牌，在很大程度上取决于对商家的印象。这就意味着商家要主动走出去把自己的"好酒"展现在别人面前，而不能等着别人循着香味摸索到深巷子里来，这样才能赢得更多的顾客，占有更大的市场。

广告宣传对于生意有多大影响呢？一位美国记者曾经坦露："如果给我足够的经费，我能把一根稻草卖出金条的价钱。"虽然有些夸张，但广告的力量由此可见一斑。

本身长得好看，再加上梳妆得体，自然令人瞩目。许多著名的大公司，如国外的可口可乐、福特、松下、索尼等，还有中国的海尔和长虹，尽管这些公司的产品在质量和售后服务上都遥遥领先，但它们每年同样投入巨资进行广告和品牌宣传。

或许有人说，我现在规模不大，不值得花钱做广告宣传，再说广告费用也不少。那只能证明经营者目光短浅。小企业和小公司更不能忽视广告和宣传的作用。有投入才会有回报。也许广告支出对你现在来说是一大块心头肉，但日后企业的财源广进是最终的收益。只要产品的质量过硬，花一笔钱提高企业和公司的知名度，把钱用到点子上，就能产生高效益。一个公司若不重视广告的作用，不懂得利用广告的独特魅力，经营者思想观念落后，必将在社会资讯高度发达的今天带来经营上的失败。

# 广告要有创意才能成功

大街上一会儿就有三三两两身材微胖的男男女女走过，他们有个共同的特点，那就是他们的上衣和裤子都异常的肥大，不知道穿的是哪个胖人的衣服，还有一个相同点，他们的上衣都印有："借给我500元钱！"

这样的景观引起了人们的好奇，上前观看的人把他们围得水泄不通。

"你们为什么没有钱呢？为什么以这种方式借钱呢？"

"我没有衣服穿啊！您看我的衣服都不合身了！您看这些衣服还能穿吗？"

"什么？您是怎么瘦下来的？有这么神奇的减肥药吗？"

"我吃了某某减肥药品，一个月后，就瘦了好几圈呢！"

两个星期后，某某减肥药品就在这个城市打开了销路。

这样一招是你没有想到的吧。与众不同，新奇别致的广告就是能产生与众不同的效果。如果你能让你的广告冒出新意，你将会有很大收获。

### 商径深解

做广告是一门专业学科，需要策划和科学的管理。首先必须确定广告目标、广告对象和广告策略。说得通俗一些，就是要知道"说什么"、"说给谁"、"怎样说"和"说成什么样"。

当然，这只是最基本的要求。一个富有生命力的广告必须要有"新意"，不要重复别人做过的，不要模仿别人想过的，以新鲜的面貌刺激消费者，才能引起他们的注意。广告的形式、载体、文案等都没有固定的模式，需"与众不同"。千篇一律的打扮中，若出现一个与众不同的梳妆，不论成本高低都将成为吸引眼球的亮点。这就是广告的原则和命脉。只有在内容和形式上及各个方面都别具一格，并确保有亮点，广告才能成功。

要使广告成功，有很多的创意可用：或借助名人效应，让名人或明星们帮助企业承诺产品质量，为其优越性进行宣传；或让广告无处不在，消费者想躲都不行，就像麦当劳，金黄色的"M"标志在城市的任何区域随处可寻；或干脆制造新闻来炒作，精明的生意人经过一番精心策划，制造"事端"，看上去不是广告，却胜似广告。

产生好的广告方法很多，但是万变不离其宗，必须有好的创意。广告创意必须生长在调查研究的土壤中，准确定位，广开思路，才能开出灵感之花。

## 广告要注重实效

1998年5月，索芙特木瓜白肤系列产品在新疆上市。索芙特的产品铺遍了乌鲁木齐市24家大中型卖场。在没有任何促销的情况下，靠突出的陈列和营业员推荐，24个卖场每天合计销售额近千元，一个新产品能有这样的业绩可谓相当成功。如何快速启动市场成为索芙特下一步面临的挑战。

完成铺市，拥有了良好的市场基础，应该是投入宣传的阶段了。但索芙特总部严格规定市场费用只有 10％的比例——按新疆 6 万元的进货额，意味着只有 6000 元的市场运作费用，要启动一个人口 200 多万的乌鲁木齐市场，近乎天方夜谭。

索芙特一直在等待机会，寻找切入点。1998 年 6 月 14 日，《乌鲁木齐晚报》刊登了一个百余字的小新闻——乌鲁木齐市体委将于 6 月 18 日到 20 日在红山体育场举办大型体育彩票摸奖活动，大奖 30 个，奖金额每个高达 18 万元。索芙特认为这是一次难得的机会。但时间只有 4 天，十分紧迫，刻不容缓。

首先，彩票摸奖的参与者大都属于感性型，比较容易冲动，受舆论宣传影响也大；索芙特木瓜白肤香皂以祛斑为卖点，属于功能性产品，价格不高，宣传点突出，感性消费者很容易产生购买行为，两者的目标群体相当吻合。

其次，在乌鲁木齐市，近一年时间没有举办彩票摸奖活动，而且本次大奖为 18 万元，具有很大吸引力，参与摸奖的人应该很多。

再次，从现场仍未布置来看，乌鲁木齐市体委可能欠缺举办大型摸奖活动的组织经验，但他们决不希望失败。索芙特的介入能够烘托现场气氛，双方得益，这意味着可能以很小的成本就能够参与大型活动，事半功倍。

最后，焦点问题集中到了一点——组织者——市体委到底做了多少宣传工作、会有多少市民参与摸奖，这也是索芙特以多大力度参与活动的关键。

市体委对索芙特的参与十分欢迎，索芙特为此获得许多优惠的条件。市调组通过对部分出租车司机、卖场营业员及路上行人的调查，结果100％的人知道18日的体彩摸奖，85％的人表示会去现场摸奖。这极大地鼓舞了索芙特参与体彩摸奖活动的信心。

经过进一步细化，一份包括现场气氛布置、大规模宣传品派发及买产品送彩票三部分内容的活动方案——《索芙特乌鲁木齐红山体育场大型促销活动方案》形成文字，上报索芙特营销中心并很快得到了通过。

索芙特对活动现场进行了精心的布置：

在主席台两侧，100平方米的两个红色巨幅格外醒目，上面文字分别是："红运大奖滚滚来，万众瞩目索芙特，索芙特热烈祝贺乌市体育彩票成功发行"、"木瓜白肤香皂祝您交好运18万元大奖等你拿，索芙特热烈祝贺乌市体育彩票成功发行"，并分别醒目地标有索芙特LOGO——"SOFTTO"。

在体育场的正门入口处不远，3米×6米的展位直入眼帘，横幅上标"木瓜白肤香皂祝您交好运18万元大奖等你拿"字样，展桌上陈列了琳琅满目的索芙特产品，展板上详细说明了"买索芙特产品满20元送一张彩票活动"的细则。

索芙特制作的20块兑奖牌在体育场的不同角落悬挂着，除了兑奖图案的详细图解外，红色的"木瓜白肤香皂祝您交好运18万元大奖等你拿"和"索芙特SOFTTO"更让人注意。

索芙特还准备了50000份专门为本次摸奖准备的宣传单，背面均印有本次体彩的具体奖项、兑奖图案，正面印有"红运大奖滚滚来万众瞩目索芙特"字样，详细介绍了索芙特香皂的功能、使用方法和销售商场，更有索芙特经典的"菲律宾雀斑小男孩状告索芙特让其祛斑"的内容。

上午 10 点不到,红山体育场内外已是人山人海,索芙特知道这次活动已经成功了一半。

活动现场,随处可见市民拿着索芙特的宣传单边走边仔细阅读,相信菲律宾的小男孩也给他们留下了深刻的印象;兑奖牌下,一个个人睁大了眼睛看兑奖牌上的兑奖图案,还有木瓜白肤香皂的美好祝愿;索芙特的展位前,不时有人前来了解木瓜白肤产品,并掏钱购买;而面对索芙特的红色巨幅,已有不少广告人在猜测这家气势庞大的索芙特到底花了多少钱在红山体育场出尽风头,思量用什么办法攻索芙特的关,以便今年多拿广告提成。

这一战让索芙特在乌鲁木齐市一炮打响,销售步步攀升,开始进入良性循环。从 1998 年 5 月 25 日索芙特开始进入新疆乌鲁木齐市卖场,到 6 月 20 市场正常运作,时间不到一个月,合计投入推广费用 6580 元。投入费用少,启动速度快,这成为 1998 年索芙特市场开发的一个奇迹。1999 年索芙特在新疆年销售额达到 300 万元,成了新疆响当当的牌子。

### 商径深解

对于每一个商人来说,广告都是做生意所必需的。目前,我国市场竞争已日趋激烈,广告的费用也越来越高。无疑,广告已成为继价格和服务之后的又一个战场。

曾有人把广告看成公司和企业实力的硬性指标,为了证明自己也是个大大小小的"腕儿",不是"好惹"的,你的广告费花七万,我就出九万,你上了一亿很风光,我一甩手就是两亿,把广告变成变相的赌博。

财大的气就粗，花得多名就大，名声响了，还怕生意不好？广告产生了轰动效应还怕不能提高收益？可实际情况呢？当年的"标王"秦池，如今的风光何在？

名气有很多种，流芳百世是有名，遗臭万年也同样。如果你的广告只是徒有其名，你就只能名不副实，迟早有一天会名存实亡。

做广告也要注重实效，你对着镜子进行梳妆，不在于花了多少时间，用了多少化妆品，而在于梳妆完后让人看了赏心悦目。与其炒作、制造轰动，还不如做些实实在在的事情，全面地调查顾客，精确地计算投入的费用，周密地考虑出现的纰漏，这样做出广告费用不仅要小得多，而且定位也准确得多。

## 选适合的形象代表

在与老对手可口可乐的交锋中，百事可乐常常有好戏出台，使可口可乐倍感其威力。其中，百事可乐运用的独具特色的名人广告，是为它赢得市场的一个重要法宝。1983 年，百事可乐与美国最红火的流行音乐巨星迈克尔·杰克逊签订了一个合约，以 500 万美元的惊人高价聘请这位明星为"百事巨星"，并连续制作了以迈克尔·杰克逊的流行歌曲为配乐的广告片。借助这位天王巨星的名头，百事可乐推出了"百事可乐，新一代的选择"的宣传计划，并获得了巨大的成功，迫使可口可乐拱手为百事可乐分出一杯羹。

事情的起因是百事可乐的一次市场调查。为了调整公司的经营并使之更符合市场的需要，百事可乐组织了一次规模较大的市场调查活动。调查结果证实了他们的估计，被调查者对百事可乐的看法是：这是一家年轻的企业，具有新的思想，员工富有朝气和创新精神；是一个发展很快，一举成为行业第一的企业；不足之处是鲁莽，也许还有点盛气凌人。

对可口可乐的评价是：美国的化身；具有明显的保守传统；不足之处是老成迟钝，自命不凡，还有点社团组织的味道。

根据调查结果，百事可乐设计了新的广告方案，并想到了迈克尔·杰克逊。因为，对于像迈克尔这样不嗜烟酒、家庭观念强、宗教信仰虔诚的青年来说，汽车、酒类都没有意思，他需要一种柔软、小巧、无害而有趣的产品，那便是可乐。因此，由迈克尔·杰克逊来为百事做可乐广告是最适合不过的了。

不必是专家，看了迈克尔的音乐录像片后也会知道这的确不同凡响，因为杰克逊不仅仅是演唱，他的歌舞真是无人堪与媲美。即使关掉声音，观众也会在座位上按捺不住，杰克逊的魅力实在令人无法抵挡，他似乎要从银幕上走下来，他的舞蹈实在是举世无双。

公司决策人看完录像后，便已决定签下合同。

广告播出后，《华尔街日报》用头版做了大量报道。1984年间，97％的美国公众至少看过10遍这个广告。杰克逊的广告片开始播放后不到30天，百事可乐的销售量就开始上升，使百事可乐成为1984年普通可乐市场上增长最快的软饮料。杰克逊的广告片大大提高了百事可乐的知名度，该广告的主题——"新的一代"已深入人心，百事可乐代表了美国的现代生活方式。

广告赢得了所有的广告奖，它使百事可乐的销售量达到了创纪录的水平。

百事可乐从美国市场上名人广告的巨大成功中尝到了甜头，于是在世界各地如法炮制，寻找当地的名人明星，拍制受当地人欢迎的名人广告。

在香港，百事可乐推出张国荣为香港的"百事巨星"，展开了一个中西合璧的音乐行销攻势。不久以后，百事可乐更是聘得美国的世界级走红女歌星麦当娜为世界"百事巨星"，轰动全球。

"每一次选歌和出唱片，我都有自己的选择。追风，那不是我的性格……每一个人都有自己的选择，我选择百事。"中国大陆的不少消费者，也许都听过这段出自刘德华之口的广告语。作为走红于大陆和港台的当红歌星，刘德华的号召力是巨大的。这是百事可乐为开辟中国饮料市场而做的广告。

就这样，百事可乐借助于名人的知名度和感召力，持续地推出了一个又一个的名人广告，让百事的名字深深根植于一代代消费者的脑海中，成功地打了一场场的漂亮仗，为百事可乐争到了更多的市场份额。正如它在广告词中所言："百事，新一代的选择。"这是百事可乐永不松懈的追求。

### 商径深解

企业的宣传自然离不开广告，但广告也有其高深的学问在里面，并不是随随便便的乱做一气。这其中，重要的一点，就是要定位准，根据自己的产品来定位。

形象代表往往是企业宣传效果的集中体现，他们是否符合产品的特性，是否适应顾客的感观要求直接关系到企业宣传战略的成败。因为大多数的产品都只适用于某一部分人，所以广告更应以此为出发点，如果定位不准，那么广告也就失去了意义。针对自己的产品有针对性地选择影视明星做广告，就很好地体现了这一点。反过来，若作为新产品的形象代表，让女性政治家来做广告，效果将会大打折扣。

所以，商人做广告的第一步就是自我定位，以选择适合的形象代表。

## 以名牌带来效益

曾宪梓 1934 年出生于广东省梅县的一个贫寒的农民家庭，从小饱受苦难。1961 年，从中山大学生物系毕业的曾宪梓，被分配到中国科学院广州分院工作。

1963 年，曾宪梓到香港谋求发展，不久去泰国和家人团聚。在最初几年里，曾宪梓为了生活，不得不抛弃了自己求学多年的专业，跟着叔父和兄长做起小本生意来。曾宪梓最初就是从接触领带生产和销售工作开始的。但其兄的领带店规模有限，没有什么发展前途，对于胸怀大志的曾宪梓来说，也很难有用武之地。

曾宪梓开始寻求新的发展道路。

1968 年，34 岁的曾宪梓带着母亲和妻儿，再次来到香港。

20 世纪 60 年代中期的香港，受世界服装潮流的影响，西服盛行，不论是达官贵人，还是普通老百姓，都以西装为正式场合的服装，穿西装必须佩戴领带，因而领带也就成了抢手货。香港人不仅自己佩戴领带，借以表现自己的性格、气质、风度，还常把领带当作馈赠亲友的最佳礼品。曾宪梓最终决定以生产、销售领带作为自己的突破口。

曾宪梓通过调查还发现，当时香港的领带大多从外国进口，本地的领带制作业还很薄弱。他分析假如香港以 400 万人计，每人有一套西装，配一根领带，这领带的销售市场就颇为可观了，曾宪梓下定了要为 400 万香港人生产领带的决心。

曾宪梓争取到了母亲和妻子的支持，以手中仅有的 6000 港元为本钱，开始了他的领带生涯。他曾在哥哥的小领带店里，看到过领带生产的大致情形，现在便着手进行筹备。曾宪梓的“一人工厂”诞生了。他为自己定下每天生产、销售 5 打（每打 12 条）领带的目标，因为只有这样，他得到的利润才够维持一家人的生活！

命运对曾宪梓太刻薄了，曾宪梓日夜操劳，自己购材料，自己设计，自己剪裁，自己缝制，自己熨烫和包装，几乎投入了自己仅有的 6000 港元，终于生产出了第一批领带。当他抱着到各家商店去推销，没想到人们像约好了似的，对曾宪梓生产的领带，不要说买，甚至看都不愿看一眼。

好不容易有一家商店的经理同意看一看他的领带，可是他报出的价钱，却让曾宪梓无利可图，曾宪梓当然不愿卖。那位经理便把自己店里经营的进口名牌领带指给曾宪梓看，这一比较，曾宪梓才知道自己所做的领带用料低廉、款式单一、色彩灰暗，确实摆不上柜台。

曾宪梓大受启发。他这才感到自己是从主观想象出发，认为生产档次较低的廉价领带，会更容易销售，事实证明他想错了——廉价产品所换来的不是利润，而是别人的歧视与羞辱。

6000元本钱打了水漂，曾宪梓得到了一条教训：要想打入市场，就得生产高档名牌产品。他没有气馁，而是毫不犹豫地把自己耗费大量心力的产品，批给了街头的地摊，然后买下了几条国外生产的高级名牌领带，认真进行解剖分析。他从一针一线的做工、一笔一画的花纹、一处一缕的用料中，苦心研究外国名牌领带的奥秘，从中寻找自己的名牌之路。

终于，一批精致高档的领带在他手上诞生了，他四处推销，认为这次肯定能打入市场，可是最终还是没有结果。最后，他来到地处旺角的瑞兴百货公司，公司经理看过他重新设计、制作的领带，虽然对质量赞不绝口，但是担心在顾客中没有影响，难以卖出。

曾宪梓灵机一动，决心以退为进，他对经理说：只要经理能把他做的领带与进口领带陈列在一起，价格上他只要收回成本就行。

经理勉强点头同意了。曾宪梓做的领带终于在大商店中挂了出来，而且是与外国名牌挂在一起。果然，不出曾宪梓所料，购买者被那新颖的款式、独特的花纹、地道的进口面料和精湛的工艺所吸引，再看价格大大低于同等质量的进口领带，自然纷纷掏钱购买。

终于，尝到甜头的商店经理像欢迎贵宾一样迎接曾宪梓。

初获成功，曾宪梓加快了制作的速度，很快生产出大批领带。香港的商业信息是最灵通的，从瑞兴公司传出的消息，立刻引起了许多大商店、大公司的注意，一时间，竟形成了一股抢购曾宪梓领带的风潮。当时一般的香港产领带只卖 6 元一条，曾宪梓卖到 9.9 元，仍然不能满足需求。

曾宪梓的"一人工厂"再也无法应付如此之多的订货。他迅速扩大了生产规模，招募了一批工人，并且以"金狮"为商标，初步确立了自己的名牌地位。

"金狮"在香港站稳了脚跟。不久，曾宪梓将"金狮"改为"金利来"。"金利来领带，男人的世界"由此成为香港无人不知、无人不说的一句流行语。

广告宣传的成功，使金利来领带的销售也产生了一种轰动效应。每条的价格由过去的 9.9 元猛涨到 100 港元，直逼外国同类产品的价格，仍然是供不应求。一个牌子最终造就了曾氏的辉煌。

同样是领带，同样是一个人做出来的。毫无名气，做工普通的即使价格低也卖不出去。而做工精细，经过梳妆后却供不应求。"金利来"告诉了我们什么？它告诉了我们：名牌就是卖得比你多，卖得比你贵，顾客都选择的梳妆。

///// **商径深解** /////

在现实社会中，形形色色的名牌产品吸引着人们的视线，无论是衣、食、住、行等各个方面，人人都在追求名牌，这些名牌产品在满足消费者心理和物质需求的同时，也让商家赢取了巨额的利润。

虽然一个知名品牌的创立并不是一蹴而就的，它需要经历一个漫长的过程：厂商推出——市场反馈——消费者认可。只有历经磨炼，才能铸就真正的名牌，一个知名品牌的诞生需要耗费大量的心血，但一旦产品得到消费者的认可，得到社会的赞同，它就已经是一棵真正意义上的摇钱树了。

实际上，在如今激烈的市场竞争中，商品的寿命往往都很短，一般产品的寿命顶多三到五年，现今我们看到的产品有 80% 在五年前都尚未诞生。商家要想自己的产品能够在市场上长久立足，就必须注重宣传，努力把它做成名牌或许是不错的选择。

# 第三章

# 以细入径
## ——对细节的关注决定经商成败

很多时候，成败之所以在一线间，一些不起眼的小问题起了关键作用。有的商人在山穷水尽之时，由于细心而反败为胜；有的商人距金山只一步之遥，反因大意而功败垂成。拿起你的放大镜，关注每一个细节，经商之路才会走得稳如磐石。

## 细微的服务带来顾客

　　泰国有一家东方饭店，几乎天天客满，不提前一个月预定是很难有入住机会的，而且客人大都来自西方国家。泰国在亚洲算不上特别发达，但为什么会有如此诱人的饭店呢？大家往往会以为泰国是一个旅游国家，而且又有世界上独有的人妖表演，是不是他们在这方面下了功夫。错了，他们靠的是真功夫，那就是"博取客人的好感，让别人来宣传你。"

　　从欧洲来的几位客商在泰国曼谷机场下飞机，准备按原计划坐东方饭店的轿车前往旅店。客商们听说曼谷的公路交通要道时常出现塞车现象，就对前来接送的饭店侍者说，他们要改乘小船，从湄南河口进东方饭店。此时的旅游船早已开走了，再说饮食部已按客人原来的要求在房间备好晚餐，现在这么一折腾，计划不仅被打乱，接待人员还要晚下班。何况，接送方式是事先约定的，中途变更计划，未免太没道理。但侍者没有半句怨言，满脸笑容地接送这几位客商到码头，出高价租了一只小船，送他们到饭店后又重备酒菜。这样一折腾，饭店的利润是低了，但欧洲客人对东方饭店的服务赞不绝口，逢人便夸那里的管理一流。

　　杰尔森是一家公司的总裁，因公务经常出差去泰国，并下榻在东方饭店。

第一次入住时良好的饭店环境和服务就给他留下了深刻的印象，当他第二次入住时几个细节更使他对饭店的好感迅速升级。

那天早上，在他走出房门准备去餐厅的时候，楼层服务生恭敬地问道："杰尔森先生是要用早餐吗？"杰尔森很奇怪，反问："你怎么知道我的姓？"服务生说："我们饭店规定，晚上要背熟所有客人的姓名。"这令杰尔森大吃一惊，因为他频繁往返于世界各地，入住过无数高级酒店，但这种情况还是第一次碰到。

杰尔森高兴地乘电梯下到餐厅所在的楼层，刚刚走出电梯门，餐厅的服务生就说："杰尔森先生，里面请。"杰尔森更加疑惑，因为服务生并没有看到他的房卡，就问："你知道我姓杰尔森？"服务生答："上面的电话刚刚打下来，说您已经下楼了。"如此高的效率让杰尔森再次大吃一惊。

杰尔森刚走进餐厅，服务小姐微笑着问："杰尔森先生还要老位子吗？"杰尔森的惊讶再次升级，心想尽管我不是第一次在这里吃饭，但最近的一次也有一年多了，难道这里的服务小姐记忆力那么好？看到杰尔森惊讶的目光，服务小姐主动解释说："我刚刚查过电脑记录，您去年6月8日在靠近第二个窗口的位子上用过早餐。"杰尔森听后兴奋地说："老位子！老位子！"小姐接着问："老菜单？一个三明治，一杯咖啡，一个鸡蛋？"现在杰尔森已经不再惊讶了，"老菜单，就要老菜单！"杰尔森已经兴奋到了极点。

上餐时餐厅赠送了一碟小菜，由于这种小菜杰尔森是第一次看到，就问："这是什么？"服务生后退两步说："这是我们饭店特有的一种小菜。"服务生为什么要先后退两步呢，他是怕自己说话时口水不小心落在客人的食品上，这种细致的服务不要说在一般的酒店，就是美国最好的饭店里杰尔森都没有见过。这一次早餐给杰尔森留下了终生难忘的印象。

后来，由于业务调整的原因，杰尔森有三年的时间没有再到泰国去，在杰尔森生日的时候，他突然收到了一封这家饭店发来的生日贺卡，里面还附了一封短信，内容是："亲爱的杰尔森先生，您已经三年没有来过我们这里了，我们全体人员都非常想念您，希望能再次见到您。今天是您的生日，祝您生日愉快。"杰尔森当时激动得热泪盈眶，发誓如果再去泰国，绝对不会到任何其他的饭店，一定要住在"东方"，而且要说服所有的朋友也像他一样选择。在东方饭店，客户人住后可以得到无微不至的人性化服务，顾客的频繁光顾使其成了一家闻名全球的国际饭店。

### 商径深解

商人做生意，最好的宣传是让每一位曾经光顾的顾客称心如意，时过境迁后仍记忆犹新。要做到这一点，光靠提供高质量的商品是不够的，因为物的接触对客人的影响毕竟有限，关键要靠人的接触才能加深客人的印象。不卑不亢、认真热情、细心周到的服务，可以让客户感到温暖愉悦，使他们再次光顾。

服务意识的强弱会直接影响经营业绩。排名在世界 500 强以内的国际企业，没有听说哪家企业因为服务意识不强、服务态度不好而受到指责，良好的服务是经营的开始，它既可以让大企业如虎添翼，也可以让小生意锦上添花。对小生意而言，这无疑是财富的又一落点。

商人在生意中，如果从每一位顾客出发，对每一个细节加以放大，然后有针对性地提供最佳服务，那么，不想赚钱都难。

## 赢得顾客的心能赚大钱

乔·吉拉德被认为是"世界上最伟大的推销员"。有一天，一位中年妇女从对面的福特汽车销售商行，走进了吉拉德的汽车展销室。她说自己很想买一辆白色的福特车，就像她表姐开的那辆，但是福特车行的经销商让她过一个小时之后再去，所以先过这儿来瞧一瞧。

"夫人，欢迎您来看我的车。"吉拉德微笑着说。妇女兴奋地告诉他："今天是我55岁的生日，想买一辆白色的福特车送给自己作为生日的礼物。""夫人，祝您生日快乐！"吉拉德热情地祝贺道。随后，他轻声地向身边的助手交代了几句。

吉拉德领着夫人从一辆辆新车面前慢慢走过，边看边介绍。在来到一辆雪佛莱车前时，他说："夫人，您对白色情有独钟，瞧这辆双门式轿车，也是白色的。"就在这时，助手走了进来，把一束玫瑰花交给了吉拉德。他把这束漂亮的鲜花送给夫人，再次对她的生日表示祝贺。

那位夫人感动得热泪盈眶，非常激动地说："先生，太感谢您了，已经很久没有人给我送过礼物。刚才那位福特车的推销商看到我开着一辆旧车，一定以为我买不起新车，所以在我提出要看一看车时，他就推辞说需要出去收一笔钱，我只好上您这儿来等他。现在想一想，也不一定非要买福特车不可。"就这样，这位妇女就在吉拉德这儿买了一辆白色的雪佛莱轿车。我想，你也一样会感叹这种不动声色就攫取顾客心的能力吧！也该对"赢得顾客心，赚到大笔钱"这句话有所理解了吧！钱包在别人兜里，要让别人心甘情愿地掏腰包，就必须先打动别人。因为没有人会毫无理由地把钱交给你。只有让别人打心眼里认同你的产品、你的理念和你的服务，你的生意才有可能成功。

东京一家贸易公司有一位小姐专门负责为客商购买车票。她常给德国一家大公司的商务经理购买来往于东京、大阪之间的火车票。不久，这位经理发现一件趣事：每次去大阪时，座位总在右窗口，返回东京时又总在左窗边。经理询问小姐其中的缘故。小姐笑答道："车去大阪时，富士山在您右边，返回东京时，富士山已到了您的左边。我想外国人都喜欢富士山的壮丽景色，所以我替您买了不同的车票。"就是这种不起眼的细心事，使这位德国经理十分感动，促使他把对这家日本公司的贸易额由 400 万马克提高到 1200 万马克。他认为，在这样一个微不足道的小事上，这家公司的职员都能够想得这么周到，那么，跟他们做生意还有什么不放心的呢？一个小小关心，带来了一个大客户，把对顾客的关心习惯化，财源就会滚滚而来。

### 商径深解

顾客往往是挑剔的，现在商家林立，他们自然会货比多家，只有那些质量和服务让他们信得过，而且在感情上容易亲近的商家才能消除他们的戒备，乐于和你打交道。现在有很多大公司在过年过节的时候，给客户寄送贺卡，写上祝福的话语，这也是一种心理战术。

有些商家富有激情，扯着嗓子在门口吆喝，这样是否真的能吸引顾客呢？实际上：强拉硬拽是做不了什么大生意大买卖的。在这一点上，和谈恋爱有点像，只有你和对方在心灵上有所融合，对方才会信任你，喜欢你，不由自主地走近你。相反的是，花言巧语获得的只能是暂时的利益，而且一旦对方对你产生不信任感，那有可能是永恒的。

我们观察日常交易的每一个细节就会发现：在做生意的过程中，和顾客直接打交道的一般是营业员。没有人乐于从一个冷冰冰的营业员那里购物，大多数人总是和那些热情、有亲和力的销售人员打交道。而要想说服顾客买商品，就必须使顾客从心里认同你。懂得了赢得人心就是掌握了赚钱的技术。赢得了多少消费者的心，你就占领了多大的市场，就会赚取多少利益。当然，要抓住别人的心理也不是一件简单的事，要我们在实践中仔细摸索，善于举一反三，活学活用。只要这样，肯定能寻找到你的金矿。

## 情牵女人心

一个聪明的小伙子，借了一笔钱，自己经营一家小商店，他出售的货物以化妆品、手提包、头饰和小工艺品等为主。生意一直兴旺了好几年，几乎附近所有的女士都曾经光顾过他的商店，有很多还成了他的常客。昔日的小伙子变成了腰包鼓鼓的小老板。

他的挣钱生涯并没有就此结束，他用积累的资本扩大了店面。一层专门经营金银首饰，二层展销女性时装、皮鞋，三层是化妆品专柜，还有两层是各种各样的商品，如毛线、家用电器、装饰品等。没有想到的是，不仅这里的女性商品销路出奇的好，而且其他综合商品也特别受欢迎。

有人向春风得意的他探询经营秘诀，他笑着回答说："难道你没有注意到来这里的大都是女人吗？她们的钱是最好赚的！"

真是一语道破天机！"女人的钱好赚"可以说是一条颠扑不破的公理，犹太商人在4000多年的行商经验中早就总结出这一宝贵经验。

"男人工作赚钱，女人花销使用"似乎是顺理成章、天经地义的。真正掌握购买权力的是女人。有一句俗语说得好："女为悦己者容，男为己悦者穷。"只要女人的心动了，男人捏钱袋的手就松了，商人的利润自然滚滚而来，因此，商人要懂得牵住女人的心。

### ///  商径深解  ///

女人的钱好赚，是不无道理的。精明的商人会把心思放在女人身上，想方设法牵绊住她们的心。针对女性的心理特点，运用营销策略，商人必须关注每一个细节，了解女人，了解她们的需求，了解她们的消费习惯。

首先，不可太贵，毕竟女人是比较讲究实惠的，不会像男人那样，为了讲排场，争面子而胡乱花钱。除非钱来得特别容易的女人，才会不考虑价钱。

其次，时常打一打折。男人看到降价处理的东西，第一反应可能就是：是不是质量有问题，卖不出去？既然别人不要，我买它干吗？女人可就不一样了，哪怕是有钱的女人听说降价，心里也会想：以前 10 块钱才买得到的东西，现在 5 块钱就能买到，真值！在这种心理的支配下，她们会不管买的东西是否有用，就大量购买，以为买得越多，实惠越大。

第三，在"美"字上做文章。要知道，最漂亮的女人对自己的美也没有绝对的自信，她们的自信是建立在被别人肯定的基础上的。所以，如果让她们相信自己买的东西能给她们带来美，必然会被她们大量地购买。

最后，在"年轻"两字上做文章。除了特别年轻和特别老的女人外，每个女人都怕老，如果让她们相信自己买的东西能使她们更显年轻，肯定会受到她们的青睐。

赚女人的钱，方法很多，不管什么方法，唯一不变的是——打动女人的心，因为她们能让你财源广进。

## 把握流行顾客就会追着你

儿子：爸爸，你为什么总是能挣这么多的钱？

父亲：因为我的生意一直很好，你没有见我的商店里有这么多的顾客吗？

儿子：为什么那些人都喜欢到你的商店呢？

父亲：因为我卖的东西都是他们喜欢的！

儿子：他们为什么只喜欢你的而不喜欢别人的东西呢？

父亲：因为我的东西都是最流行的。

儿子：什么是流行？

父亲：那是一个吸引人的金币，每个人都想追着它跑，最后它就会落到我的钱包，而且还带着别人的钱包。这就是你爸爸能挣钱的原因。

什么是流行？对于顾客，流行是美丽、是魅力、是性格、是个性。而对于商人来说，流行意味着商机和利润，谁抓住了流行，谁就能挣钱，这也是很多商人成功的"秘诀"。

### 商径深解

人都有这样一种趋向性，对于自己满意的东西，即使付出再高的代价也在所不惜，这就是人们常说的"一旦拥有，别无所求"，"流行"正是这样一个能让人很快获得满足的东西。

对商人来说，流行的东西有很多不可比拟的优势。

首先，是最多的消费群体。大多数人都不愿意自己落在别人的后面，不喜欢被修饰成"落伍"和"过时"的"老土"，生怕自己赶不上时尚的潮流，这是人性的弱点。更何况流行的东西有很多可取之处，或者样式美观，或者性能齐备，或者质地优良。流行的这些"点"足以让形形色色的人获得满足，趋之若鹜也就很正常。

其次，是不会"咋舌"的买卖。顾客冲着自己满意的东西而来，而且对价格早就心中有数，估摸着自己能够承受才有备而来，掏起钱包来也会很爽快。交易的过程少了讨价还价，减少了磨蹭的时间，一手交钱，一手交货，生意一桩接一桩，钱就像水一样流入商人的口袋。

最后，是连续不断的周期。流行是风，时刮时歇，但是很少有停的时候。只要你有善于捕捉的眼光，加上快人一步的周转和调整，就能最先最多的占领市场。有了新鲜的商品吸引顾客，还愁不能牵引他们的钱包吗？

流行从哪里来？当然是你从社会的各行各业中找。但是，在变化莫测的市场中能够真正把握并且一直持有流行也不是简单的事。这就需要你有敏锐的眼和开放的心，把握流行不仅要你追赶潮流，还要你能做时代的前卫。若是追赶，你就要盯住"流行"的梢，要先人一步，快人一招；若要自己引领时尚，就要善于制造热点，催化新点，引导消费，最终形成卖点，如果对流行有了这样一种把握，那就会无往而不利，自然能广聚财富。

## 从特殊需要中寻财富

英国伦敦苏豪区彼科街有一家商店，店主是威廉·格卢彼夫妇。虽然赚钱不多，但格卢彼夫妇仍然生活得很快乐。因为，他俩很有同情心，待人和睦，朋友很多，有时，人们来到他们开的小店里，并不是为了买东西，只是聊天，或者倒苦水，或者说些开心的事。

有一天，店里来了4位客人，巧得很，这4人都是左撇子。几个左撇子碰到一起，自然会谈起与左手有关的事。无一例外，他们都大念苦经。说左撇子如何如何不便，因为所有的物品都是按右撇子的需要设计的，左撇子用什么都觉得不顺手。

左撇子们的谈话，使格卢彼夫妇深受触动，他们想：这些人太不幸了，生活中竟有这么多不便。那为什么没有人考虑他们的需要呢？如果自己开一家专门卖左撇子用品的商店，不是对他们有益，自己也可以获利吗？不过，办这种商店的前景如何，格卢彼夫妇心里根本没底，因为他们不知道：在人群中左撇子到底有多少，是不是都需要这种专门性的商品还是个问题，为此，他们做了深入的社会调查，以便了解用左手工作的人到底有多少，以及他们对左撇子用具的需求度。

后来，他们从美国心理学家拜尼逊博士那里得知：全人类中估计有34％的人是用左手工作的，不过有许多人从小就被迫矫正了。这位博士还告诉他们，其实这种人为的矫正是不足取的。格卢彼夫妇还从日本学者研究的结果中了解到，中、老年人改用左手是一种健康长寿之道。因为惯用右手的人，支配右手的左脑血管比右脑发达，从而使60％的脑出血发生在右半脑，如果有意识改用左手，会大有益处，并能对右眼和右耳起到保健作用。

格卢彼夫妇经过一段时间的调查研究后，大约花了半年时间开设了一家"左撇子用品商店"。这是伦敦独一无二的特种商店。他们在商店里陈列的左撇子用的商品几乎不亚于名流商店，商品一应俱全，从花卉剪、开罐器、指甲剪，到高尔夫球杆、手气枪等等，都是供左手用的。这些产品都是他们要求各大厂家特别制造的。另外，他们还在商店里宣传拜尼逊博士和日本学者的有关见解。结果，经过一段时间的经营，果然取得成功，生意越来越兴隆。近年，其营业额每年达数百万英镑。

### 商径深解

商人在生产或经营一种产品前是要确定消费者群体的。按照惯例，生产商或经销商常常将产品的消费群体尽可能定得广些，以便扩大销路，而"以特殊产品满足特殊需要"的做法恰好相反，它是将某产品的消费群体限定在一个比较小的范围之内，以满足小部分有特殊需要的特殊群体。

其实，生活中每一个群体，相对于别的群体来说都是特殊的群体，都有一些特殊的需要。比如，城里人和农村人需要的东西有很多是不一样的。另外，在一大群体中，又有小群体的特殊需要，比如，北方的城市里有部分南方人。对于这些，都需要我们用特殊的眼光去发现。商人如果仔细寻觅这些特殊需要，然后就可以有针对性地开发这些客户源。诚然，许多的特殊需要已经被别人考虑到了，但特殊需要是时刻都在产生和变化着的，因此，只要你眼光独到，总能发掘别人从未发现的特殊需要。

## 善于发现商机

美国得州广场上有座很大的女神像，因年久失修，当地政府决定将它推倒，只保留其他建筑。这座女神像历史悠久，人们都很喜欢它，平时有空的时候常来参观、照相。推倒后，广场上留下了200多吨废料：有碎渣、废钢筋、朽木块、烂水泥……既不能就地焚化，也不能挖坑深埋，只能装运到很远的垃圾场去。初步估算一下费用，200多吨废料，如果每辆车装4吨，就需要50辆次，还要请装运工、清理工，至少得花两万五千美元。

斯塔克得知这个消息的那一刻，他觉得眼前一亮，以敏锐的眼光看出了这些腐朽的废渣里面藏着的钱财。发现了一个令他激动的商机。

他来到市政府有关部门，表示愿意承担这件苦差事。他说，政府不必花2万5千美元，只需给他2万美元就行了，他可以完全按要求处理好这批垃圾。

合同当即签订。斯塔克还得到一个书面保证：不管他如何处理这批垃圾，政府都不得干涉，不能因为有什么成果而来插手。接下来，斯塔克请人将大块废料分解成小块，进行分类：把废铜皮改铸成纪念币；把废铅废铝做成纪念刀；把水泥做成了小石碑，把神像帽子弄成很好看的小块，标明是神像桂冠的某部分；把神像嘴唇的小块，标明这是她那可爱的红唇……装在一个个十分精美而又便宜的小盒子里，甚至朽木、泥土也用红绸垫上，装在玲珑透明的盒子里。

更妙的是，他雇了一批军人，将广场上这些废物围起来，引来许多好奇的人围观。大家都盯着大木牌上写的字："过几天这里将有一件奇妙的事情发生。"

是什么奇妙事？谁也不知道。

有一天晚上，因士兵一时松懈，有一个人悄悄溜进去偷制成的纪念品，被抓住了。这件事立即传开，于是报纸电台纷纷报道，大加渲染，立即就传遍了全美。如此一来，斯塔克神秘的举动更加引起了人们的好奇心。

当斯塔克觉得把人们的好奇心吊得差不多的时候，便开始推出他的下一个计划。

他在每个盒子上写了这样一句伤感的话："美丽的女神已经去了，我只留下她这一块纪念物。我永远爱她！"

然后，斯塔克将这些纪念品拿到市场上去出售。小的 1 美元一个，中等的 2.5 美元，大的 10 美元，而女神的嘴唇、桂冠、眼睛和戒指等则 15 美元一个。结果，所有的纪念品很快就被抢购一空。

据说，斯塔克的这一活动还在全美形成了一股伤感的"女神像风潮"。当然，他也从先的那堆垃圾中抱回了一个金娃娃：净赚了 12.5 万美元。

这一次的成功，让斯塔克找到了一条发财的捷径：把别人眼里的废物变成宝贝。

接下来，斯塔克以第一桶金为资本，专门做起了收购破烂的买卖。随着资产的不断壮大，斯塔克又想到了做收购"垃圾公司"，也就是收购倒闭的、没有人要的公司的生意。于是，他和这些公司联系，不管它经营的是什么，只要价钱便宜就买进来，然后请一些专家进行整理、重建，等公司稍有起色，再以比买进价高出数倍的高价卖出，转手净赚一大笔钱。

数年后，斯塔克拥有数百家垃圾收购公司，资产超亿美元。很多人常常苦于没有市场机会，事实上，问题在于不是不存在机会而是缺少发现机会的眼睛和智慧。斯塔克的经历告诉我们：成功者仅仅是在别人看来没有机会的地方发现了机会，占了先机。

### 商径深解

在我们生活的周围，常有人提出这样的疑问：钱是从哪里来的？除了那些靠祖上余荫继承大笔财富的少数人之外，毫无疑问，钱是靠人的智慧和劳动赚来的。人世间没有一个人是注定就命苦的，若想成功，没有一个富于创造性的大脑是不行的，创造性往往表现为善于发现问题，然后巧妙地解决问题。

通过动脑筋、想办法，使别人看来无用甚至要抛弃的东西产生新的使用价值，让它们转化为自己的财富。记住，这个世界上没有不值钱的东西，关键在于用什么方法把它们变成钱。一般人都会把自己的收入当作资本，而真正有才智的人寻觅机会来获取利益。商机无处不在，只是它们往往被人忽视。很多人认为凭肉眼便可捕捉机会，所以较少的仔细寻觅，这种错误的导向致使商机流失。拿起放大镜把注意力放在目前可以利用，可以支配的资源上，千万不要疏忽任何机会，如果你有了这种心态，就能化腐朽为神奇。

在商海中，不是缺少商机，而是缺少发现。若想成为一名成功的商人，必须有一双火眼金睛，方能抓住每一个赚钱的机会。

# 教养带来财富

一个阴云密布的午后，由于瞬间的倾盆大雨，行人们纷纷进入就近的店铺躲雨。一位老妇也蹒跚地走进费城百货商店避雨。面对她略显狼狈的姿容和简朴的装束，所有的售货员都对她心不在焉，视而不见。

这时，一个年轻人诚恳地走过来对她说："夫人，我能为您做点什么吗？"老妇人莞尔一笑："不用了，我在这儿躲会儿雨，马上就走。"老妇人随即又心神不定了，不买人家的东西，却借用人家的屋檐躲雨，似乎不近情理，于是，她开始在百货店里转起来，哪怕买个头发上的小饰物呢，也算给自己的躲雨找个心安理得的理由。

正当她犹豫徘徊时，那个小伙子又走过来说："夫人，您不必为难，我给您搬了一把椅子，放在门口，您坐着休息就是了。"两个小时后，雨过天晴，老妇人向那个年轻人道谢，并向他要了张名片，就颤巍巍地走出了商店。

几个月后，费城百货公司的总经理詹姆斯收到一封信，信中要求将这位年轻人派往苏格兰收取一份装潢整个城堡的订单，并让他承包自己家族所属的几个大公司下一季度办公用品的采购订单。詹姆斯惊喜不已，匆匆一算，这一封信所带来的利润，相当于他们公司两年的利润总和！

他在迅速与写信人取得联系后，方才知道，这封信出自一位老妇人之手，而这位老妇人正是美国亿万富翁"钢铁大王"卡内基的母亲。

詹姆斯马上把这位叫菲利的年轻人，推荐到公司董事会上。毫无疑问，当菲利打起行装飞往苏格兰时，他已经成为这家百货公司的合伙人了。那年，菲利22岁。

随后的几年中，菲利以他一贯的忠实和诚恳，成为"钢铁大王"卡内基的左膀右臂，事业扶摇直上、飞黄腾达，成为美国钢铁行业仅次于卡内基的富可敌国的重量级人物。菲利由于尊敬老人，与"钢铁大王"卡内基攀亲附缘，齐肩并举，从此走上了发达之路。

## 商径深解

有些商人在做生意时很在行，吃透了市场的行情，也了解顾客心理，但怎么努力也无法把生意做大。究其原因是他们没有注重自身，要么性格上太粗劣，要么素质上待提高，以致别人不愿与他们交往。所以，商人做生意时还要仔细观察自身，寻找影响生意的每一个细节，特别是教养。作为一名商人，有教养会给你的生意带来意想不到的好处。

有教养的人，他们言行得体，谦和友善，不逞强也不显派，喜欢助人为乐，而且他的举手投足间就能透出绅士的风范。不管是贫穷还是富有，他能掌握行事的分寸，对别人的欢呼喝彩和恶意诽谤都能坦然视之。他们带给别人的是光明和温暖。

文明举止和高尚的教养能让生意更加发达。因为教养中包含着许多美德和高尚的气质，如谦和、正直、善良等等。一个生意人不管他多么有创见、有能力、有口才，一旦他表露出粗俗、暴戾、野蛮、不合时宜等拙劣的倾向，他自身的形象就会大打折扣，不会赢得别人的喜欢和尊敬，人际关系就得不到提升。

真正有教养的人本身就是富有的，因为他拥有众多的美德。要做个有教养的商人，那就不仅要注重装扮容貌、礼节仪态、人情世故，还要把友爱、自足和宽容等美德奉献给客户、顾客和合作伙伴。

## 信心是成功商人的必备素质

日本"经营之神"松下幸之助曾强调，要把"不可能"变为"可能"。他说："无论是一个人还是一个集体，在面临困难的时候，逃避不是办法，只有鼓起勇气予以克服才是最重要的。在这种情况下，往往能够发挥出意想不到的智慧和潜力而获得良好的成果。"

1961 年，当时松下正好到松下通信工业去，干部们正在开会，松下问他们"今天开的什么会？"有人苦着脸说："丰田汽车要求大幅度降价。"详情是丰田要求自松下通信购买的汽车收音机的价钱，自即日起降低 5％，半年后再降 15％，总共降价 20％。丰田做这种要求所持的理由是：面临贸易自由化，与美国等汽车业竞争的结果，日本车售价偏高，难以生存。

丰田为了降低售价提高竞争力起见，因此希望供应汽车收音机的松下通信工业也降价 20％。当时的日本并不像今天一样能够制造又好又便宜的车子，那时候的情况的确是非常艰苦。

在了解情况之后，松下问：

"目前我们的利润如何？"

"大约只赚3%而已。"

"才这么一点？ 3%实在少了一些。在这种情况下还要降20%，那怎么得了！"

"就是因为这样大家才开会研究。"

会议是要开的，不过松下想这个问题恐怕没有那么容易解决。目前也不过才赚3%，如果再降20%，那岂不是要亏17%？就一般常识而言，这种生意还能做吗？

固然，松下通信也可以一口回绝丰田汽车的要求，而且大多数人也很可能这么做。然而，如果情况特殊，让价20%是否仍值得考虑呢？假如光想着"这怎么可能？"的话，松下认为还是有欠思考。所以松下先抛开一般的这种想法而站在丰田的立场仔细来看这个问题。松下想，假如丰田换成松下电器的话，在面临自由化的情况下说不定也一样会提出这种要求吧。

虽说松下电器听到了这样的要求不免大吃一惊，然而丰田本身必然也为如何才能降低成本以及谋求发展而大伤脑筋。因此，虽然就减价的幅度本身而言，的确是过分了一点，但松下电器也要审慎地考虑到如何才可以降价去配合丰田的要求。

方法还是有的，但想法却必须改变。照现在设计的产品要降价20%事实上是绝不可能的事情，因此非有新的想法不可，所以松下就指示大家说："在性能不可以降低、对设计必须考虑对方需要这两个先决条件下，大家不妨设法全面更新设计，最好是不仅能够降低成本20%，而且还要有一点适当利润才可以。

"在大家完成新设计之前，亏本也是无可奈何的事情。这不光只是为了降价给丰田，而且还关系到整个日本产业的维持及发展问题，无论如何是非做不可的，希望诸位能够努力完成任务。"

一年后，松下又问到有关这件事情进行的情况，结果松下通信不仅做到了如丰田所希望的价格，而且还能获得适当的利润。这可以说是因大幅度降价压力而激发出来的一次成功的产品革命。

其实，不管是经营事业也好，做其他事情也好，若抱着这根本不可能办到的想法，任何事情都不会成功。反之，碰到困难总是鼓起勇气去面对，这样的话，很多困难的事情也能加以解决。松下通信的经历告诉每一位经营者，不仅生产过程的每一个细节要关注，员工是否有信心也需要放大。

### ///// 商径深解 /////

在遇到困难时，人们的注意力往往放在事情的难易上，信心的作用通常容易被忽视，这就需要领导者找到它。世界上有不少事情都是因为不懈的努力才获得良好成果的。而坚持的最重要因素就是信心。对于商人来说，信心太重要了。可以说，各个环节都需要信心。对市场潜力有信心，才能开发新产品；对产品有信心，才敢提高产量和价格，对自己的实力有信心，才有把握和别人一争高下。没有信心，就会"当断不断，反受其害"，肯定会错失很多良机。

所谓信心，就是信任自己心灵的力量。因为有信心，潜藏在你意识中的精力、智慧就被调动起来，以帮助你获得财富和事业上的成就。一个有信心的生意人会抓住并创造出更多的机遇。相反，那些缺乏信心，优柔寡断的人只能畏畏缩缩地坐等机遇。

那些成功商人的身上都隐藏着一股巨大的力量——信心。深信信心重要性的管理者和成功商人会有意识地去增强员工和自己的信心来克服困难。

有了信心，你才能挺起胸脯面对那些困难，而那些经常说"做不到"的人将永远蜷缩在失败的角落。信心的衍生物就是希望，就是财富和成功，就是一个成功赚取财富的成功商人！

## 想到了就要去做

有一个美国"生意人"，在 17 岁时还是一个种地的农夫。后来，为了改变穷困的状况，他带着借来的几千美金背井离乡来到苏联经商，但一直没有很大发展，于是在 1931 年他又回到美国继续做生意。

那时，富兰克林·罗斯福还没有当上美国总统，但已有走上总统宝座的势头。而且，为了竞选总统获胜，罗斯福提出了解决美国经济危机的"新政"。"新政"虽然博得一些人士的赞赏，但因罗斯福当时并未得势，大多数美国人对"新政"能否成功持怀疑态度。刚从俄国回来的这位生意人向来注意时事和社会动态，他从大量的信息中进行研究分析，认为罗斯福肯定会在这一次竞选中获胜，"新政"也会随着他登上总统宝座而实施。

根据上述分析，"生意人"突发奇想，并得出这样一个结论：罗斯福的新政一旦实施，就一定会废除美国 1920 年公布的禁酒令。禁酒令的解除必然会出现酒类市场的兴旺，同时也必然导致市场对酒桶的大量需求。

对美国稍有了解的人都知道，美国人喜欢的酒主要是啤酒和威士忌，这两类酒的盛放都需要一种经过处理的白橡木制成的酒桶。由于美国 1920 年下了禁酒令，白橡木酒桶早就销声匿迹了。"生意人"看准这种情况，加上他在苏联住了多年，知道苏联有丰富的白橡木资源。于是，他果断做出决定，在纽约市码头附近设厂制造酒桶，并立即着手向苏联有关单位订购了几船白橡木，开始了酒桶的生产。不久，他又在新泽西州的米尔敦建造了一家现代化的酒桶加工厂。当他的酒桶从生产线上不断运送出来时，美国真的开始废除了禁酒令，这时，被禁止用粮食生产酒已多年的美国酒厂，为了满足人们对酒的大量需求，纷纷恢复啤酒和威士忌的生产，各地酒厂当然需要大量的酒桶。如此一来，这位"生意人"的酒桶如及时雨一般满足了酒厂的需求，售价甚为可观。从此，他走上了发财之路。

这位"生意人"就是 20 世纪上半叶，叱咤美国商界风云的一代巨富——哈默。在他走向财富人生的路上，看准生产"酒桶"这个潜在的商机，并果断行动，绝对是他人生最重要、最英明的选择。

### 商径深解

在商业竞争中，谁抓住了机会谁就能把握成功，而没有见微知著、善于捕捉和敏锐果断的能力，就不可能抓住瞬息即逝的商业机会。但想是一回事，做又是一回事。想到了就要做，有了好想法不付诸实践，梦想永远只能是梦想，如果我们细分析，这是一个商人的品性问题。做生意都必须从好的想法开始，而差距就在于，成功的商人把好的想法变成了现实，而那些只停留在梦想中或者是迟迟不肯着手去做的人就会失败。

很多人有抓住市场的眼光，也有善于思考的头脑，但就是迈不出开始的那一步。他们老想着前面的困难有多少，可是，越是犹豫不决，困难看起来越是比实际的多；还有很多出类拔萃的人才好不容易把握住了市场动态，但施行时却被自己的上层决策者所耽搁，最终让别人占尽了先机。

作为一名生意人，没有足够的冒险精神，看不到大利益，害怕吃小亏是不行的。一旦你觉得某个目标值得一试，那就果断地开始着手，不要优柔寡断。暂且不要为那些困难而心存顾虑，这样你会放不开手脚。想到了就要做，分析出商机就出手，这就像行走于漫漫长路，你要做的不是担忧前面的路有多漫长，有多坎坷，尽管一步一步走下去就行。只有这样才能产生挑战困难的信心和动力。

# 第四章
## 以变入径
### ——及时发现问题迅速解决问题

我们每个人都希望自己的事业能够一帆风顺，不愿看到出什么问题，害怕由此引来失败。可有时往往越是担心的事，越容易发生。对于生意中出现的各种问题，逃避和漠视只是不负责任的选择，及时发现并解决它才能使你走向成功。应变能力是一个商人绕过磕绊和陷阱的必备武器。

## 亡羊补牢应及时

一位商人做纸品生意，为了方便纸张存储和运送，那些货物都放在一楼。但是那个地区多雨，平时还稍微好点，只是放在最下面的纸会受潮。但是到了雨水泛滥的时候，纸张很容易就会被浸湿，那无异于大把大把的钞票都丢进了水里。

这一次风暴来得没有任何先兆，全部员工都忙碌着抢救纸张，但还是于事无补。水源源不断地灌进来，一包一包的纸很快就湿透了，眼睁睁地看着纸张报废，商人心痛不已。他在员工好奇的注视下，不声不响地走出去了……

大水过后，商人重整旗鼓，盘点清楚后，把店搬到另外一幢楼，仍旧在一楼做他的纸张生意，而且还进了大批量的货。一段时间过后，水灾又发生了，这次比上次有过之而无不及。幸运的是，他店里的纸张没有受到丝毫损坏。这次身受水灾之害的纸商很多，纸厂也因为水灾暂时停产，一时间纸张短缺。整个城市的印刷厂和出版社急需纸张，带着现款前来找他的人源源不断，这次他大捞了一把。

一个员工不解地问："你是怎么知道这里地势高，不会遭水淹的？

看起来地势也不比以前的地方高多少啊！"

"你还记得上次的水灾吗？眼看你们的抢救无济于事，我就索性出去在四处转悠，想找一个地势高的处所，最后发现这里虽然地势不高，但是它附近的排水系统好，那次就没有遭水淹，这样我就决定搬到这个风水宝地来了。我只不过是亡羊补牢罢了！"

这次没有成功，吃了亏，下次就知道问题出在哪里了，就应该能做得更好！如果你是这位纸商，是一蹶不振还是毫不气馁？

### 商径深解

在遭遇问题时，首先应深入分析其中的原因，包括主观的和客观的，环境的和人为的。任何矛盾和问题都应能找出解决的办法，关键是你是否有信心去解决它和行动是否及时。

如果你仍然决定继续从事原来的行业，就不要忘记弥补已经出现的纰漏。在这一点上，需要注意的是：如果你的羊被狼吃了，即使吃的一只不剩，如果你还要用那个羊圈养羊的话，就赶紧补牢！

既然那些损失的东西已经不能完好如初，那就不要沉湎于懊悔、失望和悲痛中，更不能推卸责任或视之不见。赶紧弥补和寻找新的机会吧！不要有所拖延，更不要把精力放在已经打翻的牛奶上。如果你听从了这个建议，你肯定是朝着成功和财富的方向前进，至于你能否取胜，那要看你如何行动了。

亡羊补牢的道理谁都懂，关键是如何做。在现实生活中，如果你选择放弃，你可以不补；如果你决定"补牢"，就一定要及时，抓住了这个时机等于抓住了财富。

## 金蝉脱壳来变身

杜邦家族在战争期间依靠经营军火积累了巨额财富。从美国内战到"一战"和"二战",无论是在哪一次战争期间,杜邦家族都是屡屡大发战争财。他们自豪地宣称:"我们要为全世界的军火制定价格!"然而,杜邦家族兴盛200多年至今不衰的原因,并不仅仅因为它是整个世界的军火库,况且,美国和世界的战争也没有延续多少年。

第一次世界大战刚刚结束时,杜邦家族被称为"死亡贩子",而杜邦也成了美国人民最憎恶的名字。可以想象,声誉糟糕到如此境地的公司经营起来会是多么艰难。但令人难以预料的是,杜邦公司没有就此垮掉,反而在短短的一二十年间,便叫世人淡忘了"军火大王"的头衔,而让每一个知道杜邦的人都形成另一种意识:杜邦是一个化学工业帝国。

早在"一战"还未结束的时候,杜邦公司的总裁皮埃尔就已意识到这场有利可图的战争迟早会结束,"黄金之宴"也到了该撤席的时候,杜邦公司该如何发展下去?已经到了必须找到第二落点的时候。

最直接的出路便是转产。可转产干什么最有前途呢?皮埃尔仔细思考之后毅然决定:要把杜邦公司创建成一个世界性的化学工业帝国。

皮埃尔的这一决策不仅符合历史的大趋势,而且也是煞费苦心、颇为巧妙。当时的美国工商业竞争非常激烈,各大财阀划分地盘,各自抢占了属于自己的领域,只有化学工业依然薄弱——财阀们尚未感觉到化学工业会比投资证券、钢铁、汽车之类的行业更赚钱。杜邦选择化学工业，是因为它对形成垄断的阻力最小。而且，化学工业的所有原料都是制造军火所必需的，这样转产起来可以最大限度地减少损失，一旦新的战争爆发，再转产回去继续搞军火也十分方便。事实上，第二次世界大战刚刚爆发，杜邦公司一夜之间便召集了 300 名火药专家，将庞大的杜邦化学工业帝国一下子改造成了全世界最大的军工厂。

皮埃尔一经决策，便立即采取行动。他指示公司成立新的发展部，于 1915 年买下了制造清漆、火棉塑料、搪瓷的阿林顿公司；1916 年买下了费尔菲橡胶公司；1917 年买下了制造染料、油漆、清漆和重大化学产品的哈里森公司。以后他又盘进了另外五家化学公司，杜邦化工帝国的蓝图已初具雏形。

不久以后，杜邦集团又推出了用途极为广泛的新产品：尼龙。当尼龙袜子第一次在世界博览会出现时，立刻引起了全世界的轰动。从这一年开始，尼龙制品像军火一样为杜邦家族创造财富，也正是从这一年开始，整个棉纺织业开始衰落……

杜邦公司在世界经营史上不能不算是一个奇迹，而创造这个奇迹固然与生产军火有关，但更在于他们"金蝉脱壳"的"变"术。

### 商径深解

"金蝉脱壳"的古文解语为："存其形，完其势；友不疑，敌不动。巽而止蛊。"意思是保持原有的形态，造成原有的气势；使朋友不怀疑，敌人不敢妄动，趁敌人还在迷惑时转移。

商人没有永远一帆风顺的生意，也不会有一直赚钱的商品。当市场的需求变化时就要求商人进行战略转型。这种"变身"对于企业来说就相当于一个大手术，也是该企业原有产品竞争力降低的时期。

如何面对挑战，如何处理好各方面的损益，这就要看企业如何实现"金蝉脱壳"。在总的形势即将发生变化时，越早"变身"就越能在新的市场条件下站住脚。

## 不断开发自我

几年前，李厂长接过一家已经倒闭的街道办制胶厂。该厂倒闭时，亏下数十万元外债并欠全体工人 9 个月的工资。

刚刚接手这个"烂摊子"的时候，李厂长苦苦思索着。该怎样从目前的困境突围出去呢？该怎样让企业起死回生呢？最后他决定，总不能让厂子就这样闲置下来，于是他用集资的办法招收了 200 多名工人，同时买了油毡纸把漏屋蒙起来，暂时解决了厂房问题，后又从外地租来机器，解决了设备问题。

然而，正当李厂长对制胶厂实施"起死回生术"时，获得了这样一个准确的市场信息：制胶业市场产品过剩，许多同行业厂家纷纷下马。在得到这个情报的第一刻，李厂长的脑子里就想到一个"变"字。但是，怎么"变"呢？经过一番周密的市场调查和分析后，他发现了一个商机：本地区畜牧业兴旺，皮革多，生产皮革制品有利可赚。于是他立马决定，转产皮革制品。他就地取材，用皮革制作成自行车坐垫、手提包、背包、儿童包、旅行包等产品，很快占领了市场，半年之后，债务还清了，工人工资补发了。小本生意获大利，让一些在亏损的漩涡中挣扎的小厂羡慕不已，纷纷来参观学习。李厂长预感到这些人即将成为自己的竞争对手，于是他又想到"变"。不久后，该厂转产牛皮鞋、皮箱、山羊革夹克衫。这时很多工人来问他："这么畅销的产品为什么要转产？"不久，这个问题便让现实做了解答：许多来取经的工厂，回去后争相大批生产，结果市场很快就出现了滞销现象。而这时李厂长早就转产了，他们的新产品又在市场上找到了新的顾客。

皮件厂办得比较顺利，新产品很畅销，可李厂长想问题却比常人深一层，他认为：如果企业再次陷入困境，或是一种行业陷入困境，就会危及厂子的经济效益。为了避免这种现象发生，应该事先想好突围的办法。皮革制品的销售很不稳定，仅靠一种产品风险大，如果采取"一业为主，多业并举"的策略，那么在一种业务不景气时，别的业务可以马上扩大，弥补损失。于是，李厂长决定上一种新产品。为了选择新产品，他四处奔走，了解市场行情。有一天，一张"首届A市骡马物资交流会"的海报吸引了他。虽然这张海报跟他们厂的生产没有直接关系，但使他想到了牛皮这种资源。本地牛皮资源丰富，皮质又居全国之首，加工牛皮不失为一种生财之道。另外，他还从市场上了解到"黄牛蓝湿皮"在外贸市场上是紧俏商品，李厂长觉得这又是一个新的商机。于是他立即组织研发小组，很快就生产出了色泽鲜艳的黄牛蓝湿皮。当年，这一产品就被一个外商看中，与他们厂签订了供货5万张的合同。由于他们厂的产品质量好，又守信用，不久，黄牛蓝湿皮就远销到日本、新加坡、印度等国家。

就这样，在李厂长精明的带领下，仅用几年的时间，过去一个倒闭了的小工厂成功突破困境，如今已变成了年产值过亿元的大厂。李厂长因此成了享誉国内外的著名企业家。

纵观李厂长的成功路，他一直运用的都是同一个策略：以企业长远为主，利用反光镜随时找出影响发展的问题所在。因变应变，对企业不断实行自我开发。

### 商径深解

大到一企业，小至一个人，身上都存在着未被开发过的领域，你认为"骨子里就是这样的"，其实是对自己缺乏正确的认识，就像河流觉得自己只能是流动中的液体，而不能是飘浮在空中的水汽一样。只要你愿意改变，不断开发自我，在企业发展中，不断顺应市场的需求来进行改变，开拓未知的领域，这样肯定会有所突破。

宇宙中的万事万物时刻都处于变化之中。力量有限的我们，应时刻注意身边的变化，找出制约企业成长的原因加以解决，并把握变化中的有利因素，主动出击，抓住变化中蕴含的无限商机。

## 仅是交钱方式的不同

亚柯卡是一位美国商界的奇人，从麻省理工大学毕业后，亚柯卡任职于美国福特汽车公司，担任宾夕法尼亚州威尔克斯巴勒地区的销售经理，负责推销福特汽车。刚步入社会的亚柯卡攒足了一把劲，下定决心在这一方土地上建功立业，做出点成绩来。可是，命运不济，他出师不利，一年后，不仅没有打开销路，连原有的销售额都未能保住，销售额在全公司倒数第一。怎么样打开销路，占有市场呢？为此，亚柯卡十分苦恼，绞尽脑汁，思索良策。

市场调查和分析是最有效的反光镜。一个月后，他发现：福特汽车之所以在这个地区的销路打不开，并不是福特汽车质量有问题，也不是消费者不想买福特汽车，而是这一地区居住的大都是中等收入的普通市民，没有多少人家能一次拿得出 25000 美元来买一辆福特汽车。于是，他想：能不能采取一种灵活的销售方法，用分期付款来推销汽车呢？

为了进一步证实自己这一想法的可实施性，他深入到这个区的一些家庭，进行实地访问和考察，得到了广泛的支持，他立即决定：顾客买一辆售价为 25000 美元的福特汽车，不用一次性将全款付清，只要先付1/5 的头期款就可以开回去，余下的欠款可每月支付 56 美元，分三年付清。25000 美元的1/5，只不过 5000 美元，一般家庭都付得起，且以后每个月 56 美元也仅是工资收入的很小一部分，不影响正常生活，因此，当公司将分期付款的广告一打出之后，购车者十分踊跃，仅三个月时间，亚柯卡所负责的这个地区销售的福特汽车的数量就从过去的倒数第一升到全国第一。

### 商径深解

营销环境对商人的销售业绩起着举足轻重的作用。作为一名生意人，自己的货物四周顾客不感兴趣和买不起均是生意的致命杀手。当我们的营销进程受到挫折时，首先要对环境进行分析，做到有的放矢。进行市场调查和市场预测是必不可少的，然后再在此基础上确定新的市场营销策略。

"分期付款"在任何一个行业都是可以采用的。在现代社会里，具有"超前消费"意识的人不在少数。所以，作为一名商人来说，对于这一部分销售群体是不能忽视的，而且应该把目光集中到有享受高档消费品要求，但一次支付困难且又有支付能力的消费者身上。而争取这部分消费者最有效的手段之一就是分期付款。

分期付款仅是交钱方式的不同，但给你带来的好处却颇多。首先，它减少了商品的资金占用频率，使商人能迅速收回部分资金，加速周转；其次，可以大大推动销售，使商品能够尽快卖出去，而不使顾客流失。

所以，分期付款使商人不仅能赚顾客今天的钱，还可以赚顾客明天的钱，何乐而不为呢？

## 随机应变做好生意

小徒弟跟着铁匠师傅学艺，不久就能自己接活了。第一个月，小弟打造了四把斧子，自己特别满意。第一位顾客是中年农民，他抱怨斧子太沉。小徒弟无言以对，师傅对农民说："您身强体壮，斧子大点看着才相称！"农民高兴地付了钱。

第二位客人是屠夫，他不满意地说："斧子太小，砍骨头恐怕不行？"小徒弟心想可能是自己技术不行，羞愧地低下了头。师傅对屠夫说："这把斧子肯定能用，太大了手臂容易发酸。"屠夫连连点头。

一位年轻的樵夫一进门就问："怎么用了这么长时间？"小徒弟脸憋得红红地，心想，看样子是要返工了。师傅连忙笑着说："慢工出细活嘛！这斧子保管你一天砍一大堆！"樵夫满意地走了。

小徒弟想，再有人抱怨，我就能应对了。一会儿，一位老人走进来，皱着眉头说："这么快就做好了？恐怕打得不到火候吧！"小徒弟哭笑不得，一脸窘迫。这时，师傅上前解释说："这不是怕您老着急伤着了身体吗？我这徒弟可是连夜打出来的，质量绝对没问题！"老人一听，喜得眉开眼笑。

可以想象，如果不是师傅在一旁打圆场，这四桩生意恐怕全都泡汤了，拘谨的小徒弟可能还要花一个月的时间返工。可见，学习真本事要老老实实，做生意还是随机应变的好。

随机应变就是要以顾客的需要为导向，通过细致周到的服务来满足他们，这是国内外许多成功企业的经营之道。

### ///// 商径深解 /////

很多时候，问题出来的同时，就要求立刻做出对策，无法解决或延迟都会造成不可估量的损失。这就要求商人要随机应变。随机应变可以说是大商人的主要品质之一。说到底，做生意，就是要寻找到客户最容易被打动的那根心弦，让他们愿意与你合作，愿意掏钱购买你的产品和服务。对于一个人来说，他身上总会有容易被打动的地方，只要你话说到位，不断满足对方的需求，就拥有了足够灵活的变通余地。

不同的顾客有不同的心理需求，对年轻人来说，生意要"爽快"；中年人最看重的是"诚实"；迎合老年人的心理，最重要的就是"周全"；要博得孩子的喜欢就要讲究"逗乐"。在顾客矛盾的心理状态下，如果你抓住了顾客最敏感的那根心弦，只要稍稍一拨，对方就会跟着你的引导走。

在向顾客介绍商品时，不要一口气说出产品或者服务的全部优点，因为那样容易让自己陷入被动。你要做的是根据顾客不同的要求，做必要的解释和补充，消除或者弥补他们的不满意，继而说服他们购买。当然，你必须能自圆其说。一旦你把"随机应变"理解为"曲意逢迎"或者"坑蒙拐骗"，你的生意就要走下坡路了。

圆通一点，就能赢得很多的商机。那些能言善辩、机敏灵活的人在千变万化之前总保持岿然不动，而那些羞怯拘谨、老实巴交的人虽然诚实，但常常弄得自己很尴尬。有时生意谈不谈得好，只是说法不同而已，变通一下，就会开辟出另一番天地。

## 因顾客的不同需求而变

史小虎和妻子蔡美英双双辞掉公职，开了一家熟食店，取名"梅莺饭店"。蔡美英有一手祖传的烧三黄鸡的绝活，上海人都喜欢来吃这道招牌菜，小店生意倒也红红火火。

这年夏天，两位留着小胡子，穿着深色牛仔裤，上套一件大翻领空心白衬衫的古巴船员走进小店，要喝冰冻啤酒。史小虎第一次遇着老外进店，忙迎上前去热情地安排他们就座。

结账时，他如实算了账，5 瓶啤酒才 6.40 元。古巴船员脸上溢满了笑意，起身出了小店。第二天，这两位古巴船员又带了 7 位同胞来喝冰冻啤酒。一连 8 天，他们频频光顾小店，却让史小虎叫苦不迭。

原来古巴船员进店专喝啤酒不吃菜，坐在桌前叽里呱啦聊半天，占着凳子不吃饭，许多本想到小店就餐的顾客只好去了别的地方。

光卖啤酒基本上没啥利润，小两口急得团团转。见到妻子一脸的沮丧，憨厚朴实的史小虎平静地说："做生意也是在做人，这些古巴人大老远来到咱小店，怎么说都是贵客，咱中国人都讲个礼尚往来，怎么也不能拒别人于门外。"

这样又过了几天，一个晚上，一大群喝啤酒的古巴人里走出一位胖子，拍拍史小虎的肩膀，拉起他进了厨房，指指点点教他做海鲜烩饭、香脆蒜片虾。这些菜端上桌后，古巴人边大口喝啤酒，边竖起大拇指，对史小虎的手艺表示赞扬。看到一大帮老外把桌上的饭菜一口气吃了个精光，从未做过西洋菜的史小虎心里甭提有多高兴，原来他们是吃不惯中国菜呀！

送走古巴船员后，史小虎又买来了西餐菜谱，两口子忙里忙外，学会了炸土豆条、什锦炒饭、炸猪排等地道古巴菜。这之后，古巴船员每天分成五批上岸到小店吃饭。由于来就餐的海员们大多带着为回国采购的大包小包东西，又无处堆放，史小虎索性把销路很好的"三黄鸡"熟食间拆改为行李间，虽然眼前的利润少了些，但小两口感觉值。直至两个月后轮船起锚离港。送别时，主宾相互间结下了深厚的情谊，大家相拥道别，流下了热泪。

这一幕感人的场面成了上海人街谈巷议的话题，上海有个"古巴角"的消息不胫而走，古巴船员也相互转告。为了留住古巴船员，只有高中文化的史小虎夫妇开始买来大批西班牙书籍，一字一句地学习西班牙语，并着意研究古巴的风土人情、民族习俗。有古巴人就餐，史小虎夫妇总是利用一切机会操着半生不熟的西班牙语向他们讨教。渐渐地，史小虎夫妇学会了西班牙语，能够同古巴船员们随意交流。这让远道而来的古巴人有宾至如归的感觉。这样一传十、十传百，一批批古巴海员一到上海，就直奔梅莺饭店。一时间，小店门庭若市，古巴船员为史小虎夫妇带来了滚滚利润。

### 商径深解

一个哲人说："灵活变通是最好的生意经。"

用变通播下的种子能绽放绚丽的花朵。许多置身商海的生意人一边墨守成规，又一边慨叹机遇总是离自己太遥远，看到别人因变而成，不去自我反思反而埋怨自己的命运。

做人不变不行，做生意不知变化更是大忌。"变"会使商机无限，走向更广阔的市场，从而使一个商业实体不断发展壮大。而不思改变则会毫无起色，甚至走向衰败。

顾客的需求是商家做生意的指针，它指向的就是财富。因变而变做生意，这就是亘古不变的商海真谛。

# 生意场上学会专一

有一个贫困的小村庄，那里的人们一心想成为有钱人，他们试过许多致富的方法，但是都没有成功。有人听说一位老人会炼金术，于是他们倾其所有，请来了老人。

老人把泥土和水搅拌在碗里，不停地搅拌，似乎身边的一切都不存在。然后把碗放在火上，过了一会儿碗里的泥块真的变成了金子。村民们哀求老人告诉他们秘诀，老人终于点头，说："最重要的是不要在炼金的时候想你自己，否则就炼不出金块。"

村民们高兴得不得了，这还不简单！于是都争相炼金，但是他们很快就忘记了老人的话："不要想自己！""别人都在看我炼金呢！""我相信自己能炼出金子！""炼出金子后我怎么用呢？"……关于自己的各种各样的想法都出来了。村民试了一年又一年，没有一个人炼出金子来。因为他们在炼金时总想着自己。

有些事情看起来很简单，但还是需要你付出百分之百的专心。这也正是老人所告诉我们的。为什么他能炼出金子来，因为他的专心已经让他忘记了周围的一切，包括他自己。

中脱颖而出。

///// **商径深解** /////

对于商人来说，专注于一非常重要。首先，实现财富和成功的途径有很多种，可以投资的行业也是五花八门。但是你必须专注于你能力和精力所及的其中一个或几个。当你确定了一个目标后，你就必须全力以赴，这样才能实现你的目标。如果你今天想做这，明天想做那，到头来，你会因为欲望太多，分散精力，人生也会因此失去规划，也就谈不上聚集财富了。

在商业中寻求财富和在大海中钓鱼的道理是一样的。茫茫大海，有很多鱼，也有很多适合钓鱼的水域，但是你必须有所选择，不能也不可能四处游历。等定好了合适的水域，你就要专注于此，关注风向和动静，撒下香料和诱饵，等着鱼儿上钩。然后，眼睛必须盯着那个小小的浮标，只有这样才有可能钓到鱼，前期的投资和花费的心血才能得到回报。只有专注，才能把所有的精力和智力在一个时间里完全集中到要做的事情上。

现代社会是一个市场竞争日益激烈的社会，任何一个企业想要在竞争中获胜，都需要有正确的经营方向。一般来说，高明的决策者不会不分轻重，把有限的资源"天女散花"般搞小而全，而是会集中优势兵力打歼灭战，抓住一个商机带动全局。企业要有自己的拳头产品，才能在市场上站稳脚跟。凭借拳头产品打出名气后，再视自己的能力去兼顾开拓其他方面的业务。但一般而言，就是新拓业务也应在行业领域内，盲目开拓尚不熟悉的领域，可能会心有余而力不足。

# 第五章

# 以深入径

## ——不被虚假的表象所迷惑

海市蜃楼虽然令人憧憬，但它带来的只是不切实际的幻影。同样，商场上的种种虚假信息也常常困扰着我们。更令人烦恼的是有很多时候，我们无法分清哪些是真，哪些是假。常言道，假到真时真亦假，就像我们站在哈哈镜前的时候，镜子里面的那个人是你吗？商路上的真假是非必须分清，否则商路再宽，等着你的也只有死胡同。

## 借钱没有什么不好

洛维洛从小就和船结下了不解之缘，创业开始他想做船的生意。但他是个穷光蛋，连买一条旧船的资金也没有，怎么办？

他听说有一艘柴油机船沉没在海底，便开始打起这艘船的主意。他找亲戚朋友借了一笔钱，请人把这艘沉船打捞上来，加以修整，然后卖给一家租船公司，除去花费，他净赚了1000美元，初次尝到了甜头。他暗暗想：如果不是亲戚朋友借给自己一笔钱作资本，又怎么能赚回1000美元呢？他深感到借贷对于一贫如洗的人创业有多么重要。由此他想：如果自己能从银行贷到一笔钱，先买下一艘货船改装成油轮，然后，自己经营，不是可以走出眼前的困境了吗？

说干就干，他带着这个想法去找银行洽谈。银行的负责人看了看他那磨破的衬衫领子，问他有什么可以作抵押。洛维洛无言以对，自然得到的答案只有"NO"了。

但洛维洛不是一个做事半途而废的人，在多次遭到银行的婉言拒绝后，他又启动他的特异思维，决定采取一个超乎常人的思维的动作，去敲开银行的大门，他以最低的租金，租下一条油船，转手以略高于此租金的价格租给了一家石油公司，然后找到银行，说自己有一条油船租给了一家石油公司，愿以租金合约作抵押，请求银行贷款，购买新船，并许诺用租金偿还银行每月所需的本息。

银行觉得洛维洛本身的信用也许不是万无一失，但是那家石油公司的信用却是可靠的，只要合约生效，用其租金偿还每月所需的本息不成问题。最后，银行答应了洛维洛的贷款请求。

当然，洛维洛也不是望空打鸟，他算计了一下，石油公司的租金除还原来船主的租金外，正好可以抵付银行每月摊算的本息。

洛维洛用从银行贷来的第一笔钱买了他所要的旧货轮，改装成油轮租了出去，然后，用合约作抵押，又向银行借了一笔钱，再去买另一艘船。

随后，他用同样的方式，用合约作质押，又到银行去贷款，这种做法延续了几年，随着贷款本息逐步还清，一条条油船就归他私人所有了。

慢慢地，洛维洛拥有了一支庞大的船队，真正成了世界著名船王。

洛维洛的成功，简直是一个神话。论资产，他创业时是个穷光蛋；论才能，他也不是商界精英。那么他是靠什么创造了这个神话呢？他靠的是巧用信誉来借钱，用借来的钱创业和发展，使自己突出困境走向了成功之路。

## 商径深解

"他山之石，可以攻玉"。借贷是商人最好、最快捷的赚钱方法。正如一位名人所说："商业就是借用别人的资金为自己赚钱！"

事实也的确如此，借用他人资金能帮助你把握机会，达到自己的目的。借贷在某种程度上来说，是一条致富之路。在许多人眼中，银行是存钱的地方，而对于一个成功的有头脑的商人来说，银行是借钱的好地方，因为它把富人的钱聚集起来交给别人去投资赚钱。

而今，许多"富人"在衣食无忧的情况下通过借贷来扩大经营。白手起家的创业者更离不开借贷这种积累资金的方式。借钱能使你的企业或你所从事的经营更适应目前的经营形式，在市场竞争中创造出更多的利润来。

信誉是"借"的前提，是人生一种无形的资本。平时要注重积累信誉，良好的信誉能帮助你成功借贷，助你成功。

当然，借贷必须顾及自己的实际情况，不能盲目借贷。但是，如果你拥有了赚钱机会却手头拮据，请不要就此放弃，借用别人的资金吧！借钱没有什么不好。

但借钱也仅是一条通向成功的捷径，并不意味着成功本身，这也就是同样是人，站在哈哈镜前有的变胖，有的变瘦的缘由。

# 开创事业要有魄力才行

摩根在德国大学毕业后回到美国，并在其父的好友开设的邓肯商行谋到一份职业。在一次采购途中，摩根碰到了第一次发财的机会。

当时，轮船停泊在新奥尔良，他信步走过充满巴黎浪漫气息的法国街，来到了嘈杂的码头。码头上，晌午的太阳烤得正热。远处两艘从密西西比河下来的轮船停泊着，黑人正在忙碌着上货、卸货。

突然间，一位陌生白人拍了拍他的肩膀，问道："小伙子，想买咖啡吗？"

那人抢先进行自我介绍，他是往来美国和巴西的货船船长，受托到巴西的咖啡商那里运来一船咖啡。想不到美国的买主已经破产，只好自己推销。自己又没有这方面的经验，因此希望赔本出卖，如果谁给现金，就可以以半价出售。

这位船长大约看摩根穿着考究，像个有钱人，就生拉活扯把他拉到酒馆谈生意。

摩根的大脑飞速旋转，觉得有利可图，就打定主意买下这些咖啡。他带着咖啡样品到新奥尔良所有与邓肯商行有联系的客户那儿推销。很多经验丰富的职员都劝他谨慎行事，理由是：价钱虽然让人心动，但是舱内的咖啡是否同样品一样，谁也说不准，何况以前还发生过船员欺骗买主的事。可是摩根已下了决心，也不去进一步调查，就以邓肯商行名义买下全船咖啡，并发电报给纽约的邓肯商行说，自己已买到一船廉价咖啡。

可是，很快邓肯商行回电严加指责，不许擅自用公司名义做生意，立即取消这笔交易！气愤的摩根没有撤回交易，他决定自己干。摩根电告在伦敦的父亲，用借来的钱偿还了挪用邓肯商行的钱。

也该敢于冒险的摩根发财，这批货刚到手，巴西咖啡因受寒而大减产，咖啡价格一下子涨了2—3倍。摩根及时抛售咖啡，结果赚了一大笔钱。

摩根因"咖啡事件"虽然丢失了邓肯商行的一个重要职位，但这件事却证明了他的经商才干，他失掉一个位子，却换来了一个商行——摩根商行。

哈哈镜里照前程，或许，一片晨光灿烂；或许，步步风雨惊雷。但这些都不是真的，事情都还未做，怎么会有结论？它只能给你带来轻率或担忧，使你不能当机立断。

### 商径深解

很多人满腹才华，也有雄心壮志，希望自己能有一番作为，但是最后都在一些难以割舍的东西面前妥协了，比如学历、户口、职称、福利、名号和头衔。为了这些别人都羡慕的东西，为了这些能给自己带来更多财富和更高地位的东西，他们宁可违背自己的内心，放弃以往的追求和梦想，忍受无聊的生活，忍受自己不喜欢的工作，忍受自己的鸿鹄之志和才华学识在无所建树中消磨殆尽。这种人一生都将安于现状，不求改变，他们无法突破自己的圈子，无法开发出自身潜在的力量，也永远无法取得满意的成果。

　　而那些真正有魄力的人懂得放弃，敢于突破种种限制，追求自己的梦想，因为放弃，他们将得到更多；因为突破，他们获得更大的空间；因为追求，他们达到自己的目标。很多成功的生意人就是靠着这种魄力，迈开了创业的第一步。

　　没有魄力的人害怕伤脑筋改变生活，也害怕为改变后的生活伤脑筋，因此他们每天都重复着同样的事情。为自己找理由，然后对自己说：我根本不适合做那些事。真正有魄力的人不会为了别人的评价而迁就自己的主意，不因为别人说自己行就觉得自己了不得。即使碰壁，甚至到了山穷水尽的地步，他们也不会接受别人的摆布，不会轻易放弃自我价值，他们更愿意尝试新的观念和新的生活方式。

## 勤劳苦干是发家的资本

　　读过王永庆传记的人应该都知道：王永庆并没有读多少书，从小在米店当学徒，后来从零起步，一步步发迹，成为闻名世界的"台塑大王"。那么，王永庆成功的秘诀是什么呢？

　　按他自己的话说，就是吃苦耐劳。

　　王永庆出生于一贫困家庭，在兄妹中排行老大，从小就担负着繁重的家务。从他六岁起，每天一大早就起床，赤着脚，担着水桶，一步步爬上屋后两百多阶高的小山坡，再走到山下的水潭里去汲水，从原路挑回家，一天要往返五六趟，十分辛苦。不过，这也锻炼了他的耐力。

上完小学后，由于家境贫寒，王永庆为了维持一家人的生计，便没有继续上初中，而是来到嘉义一家米店当学徒，一年过后，他的父亲见他有独立创业的潜能，于是鼓励他创业，并帮他开了一家米店。

米店虽小，但王永庆精心经营着。为了建立客户关系，他用心盘算每家客户的消耗量，比如一家十口人，每月需二十公斤，五口之家就是十公斤，他按照这个数量设定标准，当他估计某某家的米差不多快吃完了的时候，就主动地将米送到顾客家里。这种周到的服务一方面确保顾客家中不会缺米，另一方面也给顾客提供了方便，尤其是那些老弱病残的顾客更是感激不尽。很多人自从买过王永庆的米后，再也没到别家米店去买过米。

当然，王永庆这样送米上门，由于诸多原因，不一定当时能收回米款，但王永庆不以为然。他想，对于大多数领薪水的人来说，没到发薪之日很少有钱，于是他牢记每个在不同机构服务的顾客，每月是哪一天领薪水，就在那一天去收米款，结果十有八九都能让他满意而归。

王永庆是一个胸怀大志的人，单独卖米，他并不满足，为了减少从碾米厂采购的中间环节，增加利润，他增添了碾米设备，自己碾米卖。在王永庆经营米店的同时，他的隔壁有一家日本人经营的碾米厂，一般到了下午五点钟就停工休息，但王永庆一直工作到晚上十点半，结果是：紧邻的两家碾米厂，日本人的业绩总落后于王永庆。

勤劳苦干是中华民族的传统美德，可是曾几何时，有人却大肆鼓吹以巧致富，甚至单凭"卖点子"也能成为百万富翁。他们仅凭哈哈镜里出现的假象去诱导人们偏离正确的致富之路，不仅害了自己也害了别人。只有那些本着勤劳苦干精神的人才最终笑蓝一片天。

### 商径深解

"吃得苦中苦，方为人上人"。这句流传千百年的至理名言告诉我们这样一个道理：吃苦耐劳是一种优秀的品质，那些勤劳苦干的人，很少有不成功的。苦吃惯了，便不再把吃苦当苦，反而能泰然处之，遇到挫折也能积极进取；怕吃苦，不但难以养成积极进取的精神，反而会采取逃避的态度，这样的人也就很难有成就了。

只有实实在在地付出心血，才会换来难以撼动的财富，即使是拥有百万资产的人，也要花费精力去投资、调查、管理，不断扩大规模。越是富有的老板越是勤劳，勤劳苦干是他们创业成功的重要条件之一，也是保证他们事业稳步前进的主要因素。

勤劳苦干是发财致富，获取成功的秘诀，也是每一位渴望走向成功的人应该具备的基本素质。只管踏踏实实的埋头苦干。有道是：苦尽甘来，当一个人通过勤劳苦干，让自己的能力提高到了一定程度，各种机会自然会纷纷而来。

## 明退暗进巧夺市场

美国哈勒尔洗涤用品公司相对于享有"美国家用产品之王"美誉的实业公司来说，实在是微不足道。然而，哈勒尔洗涤用品公司的主管们非常明确地认识到，市场需求不是固定不变的，有时呈现出供不应求的局面，有时则表现出供大于求。这种供需关系的变化总是随着价值规律的作用而发生相应变化。在占有一定需求量的市场中，弱者只要看准机会，抓住强者在市场应变中所表现出的弱点，同样也会寻找到生存和发展的突破点。当然，寻找这样的机会需要充分认识自己竞争对手的优缺点，然后扬长避短，抓住机会进入对手已经占领的市场。

哈勒尔公司购买了"配方409"的喷液清洁剂专卖权。"配方409"是当时美国清洁剂用品的最新技术产品，这种清洁剂产品，既经济又实用，深受消费者的欢迎。哈勒尔公司购买了"配方409"的专卖权后，在迈阿密、亚特兰大等实业公司市场占有率相对较低的市场上大力推出自己的产品。

实业公司当然不会示弱。为了保持在受到哈勒尔进攻的市场上的优势，他们聚集人力、物力，并将丹佛市作为"新奇"牌喷液清洁剂的试销市场。

当哈勒尔公司得知实业公司将丹佛市作为"新奇"牌喷液清洁剂的试销市场后，马上采取了相应措施：他们开始并不把"配方409"从商店中直接撤走，而是逐渐停止供货，造成无货可供的假象。在这种情况下，实业公司在试销阶段取得了非常好的效果。销售十分看好的"新奇"

牌喷液清洁剂使实业公司的主管们确认，只要继续推出"新奇"喷液清洁剂，他们就能保持市场上的绝对优势，彻底占领市场。

于是，实业公司不再犹豫，放开手脚，大量生产"新奇"喷液清洁剂。然而，在此关头，哈勒尔公司却领先一步，他们把十六盎司装的清洁剂和半磅装的"配方409"一同以1.48元的优惠价格出售。开始时，实业公司还以为哈勒尔公司因承受不了市场竞争的压力而被迫进行削价倾销，但很快实业公司就发现，市场上的"配方409"已经拥有绝对优势的占有率。因为哈勒尔公司的策略使大部分消费者一次性购足了半年的用量。所以，当实业公司的"新奇"喷液清洁剂大量上市时，面对的当然是滞销的局面。

实业公司在假象上树立的信心很快被事实所摧毁，而在这一次较量中败了一阵。

哈勒尔公司通过对实业公司的深入了解，灵活机动地避免与实业公司进行正面交锋，以迂为直，终于开拓了一片新天地。

## 商径深解

明退暗进的古文解语为："示之以动，利其静而有主，益动而巽。"

意思是：故意暴露我方的行动，使对手上当，当对方在某一方面采取行动时，我方从另一角度乘虚而入。

在商业竞争中，明退暗进主要是为了制造假象迷惑对手。当对方松懈或防备不当时，再将自己的行动付诸实施并一举击败对手。

明退暗进的关键是制造出假象使对方确信不疑，这样才能转移他们的注意力。

# 陋习的阻力未必真大

20 世纪初，美国妇女美的标准是胸部平坦，像男孩子那样。尤其是少女，如果拥有一个高高耸起的胸部，便被认为没有教养，是下等人，在社会上受到轻视。为了成为文雅贤淑的"标准美女"，女孩子只好从小就把胸部紧紧地包扎起来。这种违反人类天性的行为，给女性带来了极大的痛苦，但也唯有默默地忍受着。

这种陈规陋习没过多久就受到了挑战，率先革除陋习的不是美国人，而是一位来自俄国的妇女——依黛·罗辛萨尔。

依黛生于俄国的明斯克，童年时来到美国，20 岁时与逃到美国的俄国同乡罗辛萨尔结婚，尔后，依黛在新泽西州的后波肯搞起服装经营。她没进过服装学校学习，之所以选择从事服装业，完全出于对服装的兴趣和爱好。

平时，依黛十分注意观察各种服装款式的特点及人体的特征等，在学习的基础上进行创新，逐渐开始自己设计新式样，制造新服装。就这样，生意越做越好。不久，夫妻俩来到了当时美国的服装中心纽约。在纽约，依黛和邓肯太太合股开了一家很小的服装店。

此时，早就对当时的妇女服装业不满的依黛，已在思考如何冲破传统，改变流行的样式。

她把注意力集中在如何解除束胸给妇女带来的痛苦上，并认为这可能是开拓市场的重要突破口。不过，她也想到了传统势力的阻力一定很大，她不能一下打破旧传统，那将招致惨败，所以，她决定要循序渐进。

经过一番揣摩，依黛想了一个理想的折中方案。她用一副小型的胸兜来代替现在捆胸的束带，然后在上衣胸前缝制两个口袋来掩饰乳房的高度，这种设计由于掩饰巧妙，没有引起社会上的轰动，而在一定程度上减轻了女性的束胸之苦。一时间，这种新服装成了畅销货，依黛所开的那家小店的生意也火起来了。

第一步的成功更加激起了依黛的创作激情，引发了她的思考空间。女性占整个人类的一半，如果能设计出一种彻底解除她们束胸之苦的服装，不仅可以赚到大钱，而且可以打破旧的服装传统，开创一个更加适合妇女天性、自然美丽、大方得体的女性服装时代。

胸罩的制作过程本来就简单。依黛充分发挥自己的想象力，又在胸兜的基础上加以引申发挥。不久，具有历史意义的胸罩很快就诞生了。

当第一批胸罩做好后，依黛却犹豫了：旧的道德观念是可怕的，这一设计一旦遭到社会的抵制，市场开拓不成，和邓肯太太的小服装店也可能因此关门。

思考再三，她终于还是下定决心："不管它！社会接受也好，不接受也好，我要以我的设计公开和传统挑战，而且不计一切后果，奋战到底！"

"舍不得孩子就套不住狼。"无论如何她也要把这种服装投放到市场上去。

同时她也做了充分的准备：一是扩大投资，成立"少女股份公司"，以壮声势；二是采纳邓肯太太的建议，暂不在报纸上做广告，以免过多地刺激社会舆论。

第一批胸罩在纽约市场出现了。如同平地惊雷，妇女界轰动了，服装界轰动了，胸罩很快地被抢购一空。

出乎依黛意料之外的是，虽然有少数人跳出来攻击，叫喊要禁止胸罩流行。但附和者寥寥，依黛最担心的报刊评论也对此事一言不发。而姑娘们看到反对之声不大，便争先购买胸罩，销售量直线上升，市场也随之越做越大。

几年时间，"少女公司"由十几名工人增加到数千职工，销售额由几十万美元增至几百万美元，市场也从纽约扩展到了全美。20世纪30年代，严重的经济危机袭击美国，工业萎缩，大批企业倒闭，唯有依黛开创的胸罩业一花独放，兴盛不衰，创造了服装史上的奇迹。实际上，陋习为了延续它的存在，常常夸自己表面的强大，让人不敢更改，而人们久而久之也适应了，并认为陋习真的不易革除。

### 商径深解

潮流变革中永远蕴含着机会，对于商人来说，关键是要及时把握。

自由是人类永远追求的目标，但人类永远也得不到完全的自由。很多时候，束缚人类自由的东西不是来自外界，而是我们人类自己给自己戴上的镣铐，陋习就是其中很典型的一种。为了获得自由，人类一直在不断地革除陋习，但旧的陋习革除了，新的陋习又产生了，并借助哈哈镜来伪装。所以，陋习是永远都革除不了的，因此，借潮流变革之机推出新产品，永远都可以产生很多新的商机。

那么，我们具体该如何用好"革除陋习创新机"这个点子呢？

一是要选择恰当的时机。也许，在一千年前就有人想到要戴胸罩，但胸罩不可能在一千年前流行，因为时机不成熟，不合时宜。要革除陋习，只有当这种陋习让大多数人感到束缚，并想抛弃时，才能取得事半功倍的效果。

二是要大胆假设，小心求证。毕竟革除一种传统习惯不是一件容易的事，要冒一定的风险。为了减少风险，我们应尽可能多地去小心求证。

当今社会潮流变革空前迅速。我们如果能适时抓住它，对它进行全面把握，并推出新的产品，引导消费，那么，很快就能步入成功的殿堂。那么，很快就能获取丰厚的利润。

## 传统并非意味着淘汰

在法国巴黎，有一名叫布瓦拉那的面包师。在他刚满 13 岁时，他就骑着一辆破旧的自行车四处帮父亲卖货、送货、订货。

"二战"期间，由于战火蔓延，面包的主要原料——小麦产量急剧下降，已经难以满足面包制作的需求。为了解决原料不足问题，法国面包师们不得不在面粉中加入大量大麦、马铃薯、荞麦等代用品，因此面包就变得越来越黑，最后成了黑褐色。

当时的黑面包令人生厌，公众的购买欲越来越低。面包制作业也随之变得萧条。

　　"二战"结束后，法国经济得到复苏，小麦产量增加了，面包业也逐渐恢复和发展起来。此时，白面包逐渐取代了那种象征苦难的"黑面包"，电烤箱也取代了手工制作。

　　在整个巴黎城，只剩下一个继续用手工制作黑面包的面包师，那就是布瓦拉那的父亲。

　　许多朋友不理解老布瓦拉那的做法，纷纷劝他适应市场潮流，改换面粉，再买一台电烤箱，像其他面包师一样做些不费劲的面包，以提高效益。但是老布瓦拉那总是耸耸肩膀，付之一笑，依然我行我素。因此，他被别人称为"痴人"、"呆子"，并被当做一个笑料。但他毫不在乎，执拗地为自己辩解："白面包既无味，又不好看，也缺乏褐色面包的营养价值，对身体无益，我决不做白面包！"

　　自此，这种独有的褐色面包便被称为"布瓦拉那面包"。

　　布瓦拉那对父亲这种执着和自信的性格，十分崇敬和赞叹。因此，当他出道后，便坚定地继承了父亲的风格。

　　后来，布瓦拉那终于有了自己的面包店。所谓"店"，其实不过是一片门面狭窄、设备简陋、很不起眼的小铺子。他生产的面包，仍然是从父亲遗留下来的那个陈旧的烤炉中烘烤出来的褐色面包。

　　就像当初所有人劝说他的父亲那样，此时也有人认为布瓦拉那抱残守缺，顽固不化，劝他改进技术。但他却坚持自己的看法："技术的发展和进步固然令人高兴，可是要做面包，尤其是人爱吃的面包，没有任何东西可以替代经过长时间训练出来的一双手。"

　　他认为，传统的面包，像陈年老酒和奶酪一样，只要精巧的手工制作，一样能制出精美的产品。

随着时间的推移，布瓦拉那的观点得到了事实的证明。

在 20 世纪初，法国每天人均面包消费量为 800 克，但是，渐渐地却有下降的趋势，待"二战"结束时，人均面包消费量下降到 400 克。面对这种情形，许多面包制作商纷纷因效益不佳而另寻出路，唯独布瓦拉那的"天然"面包的销售量却以每年 30％的增长率递增，而且销量持久不衰。

没过几年，布瓦拉那的面包源源不断地送到四面八方，进入千家万户，越来越受人们的喜爱，成为法国面包中的佼佼者。布瓦拉那的名字也随着他的面包传遍世界各地，从而赢得了"面包大师"的美名，一举成为世界著名人物。

或许，有人将布瓦拉那的成功归于偶然，纯属运气好，但只要深入、进一步地去了解，你会发现，他的成功是一种必然。就像在哈哈镜中胖子变瘦子，瘦子变胖子一样，市场这个魔术师永远不停地给人们惊喜。

### 商径深解

众所周知，人总是在不断追求新奇的东西，抛弃旧有的、过时的东西。旧的传统似乎被淘汰了，但它只要没有消失，就有存在的理由，就有再度成为市场主角的潜力。

相对人类不断变化的欲求来说，世间没有什么东西是十全十美、毫无缺陷的，因此，无论是得到新的东西还是失去旧的东西，都会给人带来一定的缺憾，这种缺憾使人们产生两种截然不同的心理，一种是希望得到更新、更好的东西，一种是留恋旧有的、失去的东西。

对于商人来说，无论是创新造出新的产品，还是保持旧有的产品，只要能满足人们的某种心理需求，就会有销售市场。

　　当然，并不是所有传统的东西都会让人们留恋。只有那些能勾起人们美好回忆的商品才有市场。相反，只会让人们想起无尽痛苦的陈腐物品是无人问津的。商人在做选择时要加以留心。

# 第六章

# 以知入径
## ——了解对手才能战胜对手

兵法云：知己知彼，百战不殆。在商场中，商人做生意的目的是谋利，利益的追逐会产生多寡的差异，这必然会与他人产生利益上的冲突，从而引发双方，甚至多方之间的激烈竞争。要想在竞争中立于不败之地，就必须在了解自己的同时，也了解对方。只有如此，才能掌握市场竞争的主动权，并最终战胜对手。

## 邯郸学步不如另辟新途

董秀打小就酷爱养花弄草。在她家乡的小镇上，家家户户的房前屋后都种满了花草树木。董秀的父亲更是对种养花草一往情深，把自家院落布置得像个大花园。在父亲的影响下，董秀开始钻研花卉的培育。她从小就有一个不大的梦想——开一家属于自己的鲜花店。经调查合肥市鲜花市场的行情。她发现，当地鲜花店越开越多，竞争非常激烈，如果涉足，风险很大，成功的机会很小。于是，她把眼光转向盆栽的绿叶植物，一番调查后，她得到了与鲜花市场同样的结论。

一个日趋成熟的市场，提供给后来者的机会的确不多。商家最忌讳的就是低层次的竞争，干什么都"扎堆"，你有我有大家有。市场的容量始终有一个限度，类似的商家越多，利润越薄，发财机遇就无从谈起。

有没有既美观大方，有品位，又容易养护、生长时间长的花卉品种呢？正当董秀为此苦苦思索时，一篇关于瑞士"拉卡粒"无土栽培技术及其他一些关于水培技术和无土栽培花卉的文章深深吸引了她，看着图片上那些生长在透明玻璃瓶里，在五颜六色的营养液里伸展着可爱的根部的花卉，董秀的心被触动了："这不正是我日夜寻找的东西吗？"

董秀认真思考起这种花卉的市场前景。不用土、没有异味、没有污染、又不生虫，还能观赏从叶到根植物生长的全过程，正常情况下，半个月左右换一次水就可以了。

现代人生活节奏加快，让人在闲暇之余变得更"懒"了，对越方便的东西越青睐。这就为董秀那让人不费劲就能享受到绿叶鲜花的"懒人植物"提供了机遇。

过去接触过"懒汉鱼"、"懒人发型"等新鲜事物的董秀脑筋一转，"我何不尝试把它叫做'懒人花卉'呢？"

带着深深的喜悦和无比的激动，董秀按图索骥，找到了研究水培花卉技术的工程师。凭着自己的聪明才智，经过几天的学习，她就掌握了这项少有人问津的新技术。

带着"拉卡粒"、"营养液"和胸有成竹的自信，董秀匆匆赶回合肥。在家中，她独自对吊兰、多子斑马等十几个品种进行了两个星期的实验，相当成功。"懒人花卉"在董秀心中深深扎根了。

看准了"懒人花卉"的庞大市场，董秀说干就干，在合肥裕丰花市成立了首家，也是合肥唯一的一家"懒人花卉"培育中心。这个中心拥有大型苗圃，采取连锁经营的方式，在花草鱼虫市场、超市和居民小区等人口集中地区开出分店，为人们美化居室提供服务。

"懒人花卉"一亮相，就受到人们的喜爱，顾客蜂拥而至。位于合肥繁华地带的"轻松咖啡屋"在开业两周年之际，批发了一些"懒人花卉"，放在供客人使用的桌面上。店主说："以前我们像其他地方一样，摆的是康乃馨、玫瑰等鲜花，现在换成能看到根部的紫露草、小天使等，觉得又别致，又有品位。"一些宾馆还在客房的卫生间摆上了"懒人花卉"。

一举成功的董秀正计划开展'懒人花卉'出租业务，定期上门为顾客提供精心的养护，让人们花很少的钱就能享受到千姿百态的花卉艺术。

机遇总是垂青于有准备的头脑，正是由于董秀没有跟在别人后面，而是打开后视镜，了解对手情况后，另辟一途开"懒人花卉"，所以才取得生意上的成功。

### ///　商径深解　///

盲从只能让你失去自己的生活方式和自己的生涯方向。盲目模仿别人的人是一个没有主见，丧失自我的人。一旦你陷入了盲从的泥沼，就等于放弃了走自己路的权利，那样只是在被动地追赶别人。在商业上的盲从只能让自己陷入与对手更加激烈的竞争。

我们只是为了了解对手，而不是为了将自己复制成对手那样。一个成功的生意人，必须首先是一个有主见，能独立拍板的人。了解对手十分重要，向对手学习优点也有可取之处，但跟在对手后面盲从就显得有点可笑了。每一个投身商海的人都应该对自己的事业筹划一番。

每一个行业都有创造财富的机会，关键在于怎么经营。认为别人能做好的，自己肯定能做得更好，这样是非常危险的。要想使自己有所成就，就要探索和发现自己身上潜在的素质和才能。通过冷静而周密的思考，最后确定下来的那个选择就是最适合你的，也是你最能胜任的。

如果你硬着头皮盲从，就注定只能跟在别人身后，分得残羹冷炙，有时情况往往还没那么好，"赔了夫人又折兵"才是最可能的结果。

# 向对方学习的对手最可怕

美国通用汽车公司执行经理史密斯，经过深思熟虑后做出重大决策，将公司属下坐落在加利福尼亚州费门托市的一家汽车工厂，与日本丰田汽车公司合并，生产丰田牌小轿车。当时日本丰田汽车早已以其质优价廉的声誉进入美国市场，驰骋于美洲大陆。能将汽车工厂打入美国本土，自然是雄心勃勃的丰田公司求之不得的好事，因此美方建议一经提出，日方的人员、设备便跨洋过海来美国安家了。

美国人早就对日本汽车"侵入"美洲大陆、抢占美国汽车王国地位反感至极，史密斯竟公然把日本公司明目张胆地请到国内生产汽车，这就算不是"丧权辱国"的屈节投降，至少也是"引狼入室"的过度让步。为此，美国上下，尤其是汽车界纷纷向史密斯提出谴责和非议。

到底是引狼入室，纯粹的屈节让步，还是另有一番苦心？史密斯自有他的打算和想法。他深切地了解到，美国汽车界之所以在日本汽车大举进攻之下束手无策，一个很重要的原因就是过去太轻敌了。当初日本汽车刚刚打入美洲之时，几乎所有美国汽车商都认为日本车不过是初学者的小玩意，是低廉产品。对日本汽车售价低、性能好、省燃料的特点缺乏正确的认识和态度。等到日本汽车在美国越来越畅销时，美国同行便一筹莫展了。到了现在，日本汽车在各方面都有优势，不承认这一点只能说是夜郎自大。争取日本技术的帮助，增强自己产品的竞争实力，才是争回面子、争回利润的唯一正确出路。

史密斯与日本丰田汽车公司合并之举，表面看似乎是引狼入室的大让步，实际上则是把"老师"请到家里的一大进步；表面上似乎是向日本同行俯首称臣，实际上则是了解老师，向老师学习，然后"青出于蓝而胜于蓝"，一举胜过老师地昂首夺霸之举。等日本人回过神来，才知道自己中了圈套。

今天，没有一个厂商不明白，要想与强劲的对手竞争，必须像对手那样降低生产成本和提高产品质量，只有两手抓，双管齐下，才能赢得竞争的胜利。而通用汽车公司在 20 世纪 80 年代初便已开始巧用计策走出这一步，坚持利用后视镜了解对手，从日本人那里"偷艺"占尽了对手的便宜。也正因为这样，通用公司才能不断抗阻日本汽车的冲击，始终站立于美国汽车界的前列，并逐步赶超日本同行。

### ////　商径深解　////

每个商人都有自己的独到之处，特别是强大的对手，肯定有他强大的原因。是善于学习还是故步自封？生意人都有自己的取舍，但这种选择可能关乎最后的成败。因为你若不知对手超过你的原因，你将永远处于竞争下风，距离只会越拉越大。

把对手请到家里，看上去是在低头让步，俯首称臣，而实际上，利用这种方式观察对手时往往一目了然。而且，暂时的屈节和退让，往往能够淡化对手的敌意，并有机会进一步地了解对手，学习对手，从而走向最后的成功。

其实，换一个角度来看，向对手这习，是为了用对手的方法打败他，使自己强大起来。

# 填补市场的空档

宝甲山被狮王定为动物王国的旅游胜地。消息传出后，小松鼠十分高兴地往宝甲山赶去，它要在那里开一家旅馆，让游客们晚上都住到自己的店中。

可是到了宝甲山后，小松鼠气馁了。在宝甲山，有两座十分豪华的旅馆坐落在那里。这两座旅馆分别是小熊和小兔开的。旅馆内设施先进，游泳池、电影院、娱乐场应有尽有，当然价格也十分昂贵。许多住在那里的游客都抱怨价格高。

小松鼠灵机一动，"为何我不开一家平价的旅馆呢？"于是，小松鼠找到一块林中空地，用木头筑成一排林间小屋，挂牌"自然"开张了。

由于成本低廉又有特色，到宝甲山的许多游客都愿意到小松鼠的"自然"旅馆住宿，一时间，小松鼠财源广进。不久，小松鼠又开了两家分店，生意做得十分红火。

小松鼠针对另两家装饰豪华、价格高的旅馆，采取开平价旅馆的方式争夺另一部分顾客群，在商业竞争中打出了自己的领域。其实，填补市场空缺，是商人牟利的重要选择。

### 商径深解

商人做生意，观察好竞争对手，然后再巧填空档。"填空档"的要点是填补其他商家经营上的空档，以吸引顾客，占领市场。

在市场经济时代，商家经营产品都有个大概范围。这个范围是根据市场需求量、自身经营实力、商品经营成本、其他商家经营情况等综合考虑后确定的，一般来说，只要市场有需求的商品，总会有人经营，甚至有很多人经营，但也有一些商品，由于市场需求量不大，进货很不方便，或经营成本太高，无利可图，或信息不灵，未及时引进等原因，这些大家都不经营或极少有人经营的产品，就是商机。

另外，"填空档"不仅是填补经营产品的空档，还可以是填补营业时间的空档。

一个想要成大业的经营者，头脑中时刻都要有填补时间空当这根弦，不仅是在一天之内填补别人的营业时间空档，还可以是一年，这也就是我们常说的反季经销。

这些空档其实都有着无限商机，关键在于自己要善于把握和利用。

## 在同行中出类拔萃

波音公司创立后的一段时间，主要是靠制造战斗机、训练机来发展业务。第二次世界大战期间，波音公司迎来了第一个黄金时代。当时美国空军要求制造多引擎轰炸机的时候，一些飞机制造公司都把多引擎一词解释为双引擎，唯有波音公司雄心勃勃地突破技术难关，设计出了四引擎的巨型轰炸机。"空中堡垒B17"就是该公司的最佳杰作，数年间就生产了12731架，在对德战争中发挥出了无比的威力，波音之名也由此让世人知晓。

不久，波音又推出了 B29 重型轰炸机，共制造了 4000 架，投下了 17 万吨炸弹及燃烧弹，在日本广岛和长崎投下原子弹的也是这种飞机。因大量制造轰炸机，促使波音公司的业务得到迅速发展。大战末期，其营业额竟高达 6.088 亿美元。波音公司因此被人称为"不知后退的勇夫"，"像条野牛在向前狂奔！"

从 20 世纪 50 年代起，波音公司又集中技术力量，研制并大量生产八引擎的超级空中堡垒 B52 轰炸机，这种飞机在越南战场上成了最活跃的角色。

与此同时，波音公司着力研究喷气飞机。他们认为，随着世界形势日趋向和平方向发展，除了制造用于战争的军用飞机外，还应大力发展民用喷气客机。

当时美国总统肯尼迪曾说："蜗牛步子的航空事业，有损美国的威信。"美国政府决定制造超声速喷气客机，估计需要资金 45 亿美元，拟定仅由一家公司负责，由政府辅助 90% 的资金。

当时有不少飞机制造公司竞相争取这一生意，但激烈竞争的结果，唯有波音公司得到了这份任务，因为几乎在同时，他们已投资 1600 万美元在锐意研究了。1958 年 10 月，他们首先推出了波音 707，并立即交给泛美航空公司在纽约和伦敦之间的航线上试航。

当时，美国另一家大公司道格拉斯公司也积极竞争，决定迎头赶上，但他们在时间上迟了整整两年。1961 年，波音公司又推出了波音 727 和 737，使道格拉斯公司望尘莫及。当其他公司在拼命追赶之时，波音公司又推出了超大型喷气客机 747，这种飞机可载客 490 人，若改货物可载 1000 吨。波音公司始终在技术领域中占尽先机，在航空界中一直占有绝对的优势。

用后视镜了解对手为什么？为的就是超过他们，比他们做得更好！

##### ||| 商径深解 |||

在生意场上，我们说谁做得"好"，某某公司发展得"快"，谁"能干"，谁"聪明"都是相对而言的，参照物主要是我们的同行，有国内的也有国外的，每个商人都应随时正确的知道你的竞争对手，可以减小很多压力，节省时间和精力。

有些人吃亏就在于盲目地定下错误的目标，想以自身不可能达到的速度来发展自己的事业，想以高于其他行业的服务取胜，这绝对没有多大好处。一旦你在相反的方向上用错了劲，就有可能浪费很多精力，甚至功亏一篑。

真正的捷径是在竞争中，把目光放在自己所从事的行业上，把心思放在如何对付同行业的竞争上，要比他们做得好，显示出你的出类拔萃。这样，才能让更多的客户选择你。

# 用"上帝"之口作为武器

詹姆的店里挂了一个娱乐箱，箱内的一侧有一洞口，连着装有小白鼠的笼子，另一侧两个洞口四周分别涂满红、绿两色。当顾客购物钱款超过 1000 里拉时，凭发票打开笼门，小白鼠钻进绿洞可获价值 200 里拉的纪念品。詹姆发现，小白鼠爱钻有同类待着的洞里，他在红色洞口后面放了一点不显眼的老鼠屎。这样，绝大多数情况下小白鼠都钻进了红洞，纪念品发放极为有限。尽管如此，由于游戏的确新奇引人，游人兴趣不减，络绎不绝，有的游客甚至连玩多次，詹姆先生杂货店的营业额直线上升。

毕竟不少游客因白鼠钻了红洞有些沮丧。这情形被对门善于察言观色的斯贝托先生察觉。没关系，他的店让你空手，请上我这儿来，斯贝托商店门前高高挂起一块招牌："凡在此购买 500 里拉商品者，均免费赠送一精制便携式化妆镜以作纪念"。

一边有的玩，一边有的送，凡是玩过或送过的游客，都成了这两家店的活口碑。一传十，十传百，于是，从詹姆那儿失望走出的顾客，涌进了斯贝托商店，而拿到刻有威尼斯城市图案化妆镜的顾客，又抱着侥幸心理纷纷在小白鼠娱乐箱前一试运气，你来我往，好不热闹。借助顾客之口，两家店打出个平手之局，都生意兴隆。

的确，顾客的嘴是你最理想、最简捷、最有效的传播渠道。如何利用，则看你的经营才能了。

### 商径深解

在激烈的商战中，如何利用顾客作为最佳传媒，里面蕴含着许多妙招高招。

做生意一般都要选择利润较高的营生，但利润高的行当往往是人人趋之若鹜，争抢的一块肥肉，这样一来，原本有利可图的行业也会逐渐变得赚钱非常困难。强有力的对手便时常出现。

在这个时候，关键是脑筋要活，不能局限于通常的思路。打仗讲究出奇制胜，商场如战场，同样要出奇招，想别人所没想，这些想法会给你带来意想不到的发财机会。商人了解对手后的关键是采用什么对策，这样才能发挥情报的真正作用。

顾客是商人们争夺的对象，他们的意愿往往决定商家的生存。从顾客口中说出的话，比商家投资所做的宣传有效果。例如当年"八瓶三株喝死老汉"一事，导致了整个三株公司的衰落。用顾客之口来攻击对手，一来不用自己出面，二来让对方有口难辩，其效果可想而知。

# 动之以名，晓之以利

安德鲁·卡内基年幼时，父母从英国来到美国定居，由于家境贫寒，没有读书学习的机会，13 岁就开始当徒工了。

卡内基 10 岁时，无意中得到一只母兔子。不久母兔子生下一窝小兔。由于家境贫寒，卡内基买不起饲料喂养这窝小兔子。于是，他想了一个办法：请邻居小朋友来参观他的兔子，小朋友们一下子喜欢上了这些可爱的小东西，于是，卡内基宣布，只要他们肯拿饲料来喂养小兔子，他将用小朋友的名字为这些小兔子命名。小朋友出于对小动物的喜爱，都愿意提供饲料，使这窝兔子成长得很好。

卡内基长大成人后，通过自身努力，由小职员干起，步步发展，成为一家钢铁公司的老板，步入了钢铁工业的大门。有一次，为了竞标太平洋铁路公司的卧车合约，卡内基与竞争对手布尔门铁路公司铆上劲了。双方为了得标，不断削价火拼，没过几天便到了无利可图的地步。

一天，卡内基到太平洋铁路公司商谈投标的事，正巧在纽约一家旅馆门口遇上了布尔门铁路公司的老板布尔门先生。"仇人"相见，按一般情况，应该"分外眼红"，但卡内基却主动上前向布尔门打招呼，并说："我们两家公司这样做，不是在互挖墙脚吗？结果对谁都没有好处。"

接着，卡内基向布尔门提出彼此尽释前嫌，携手合作的建议。布尔门见卡内基一番诚意，觉得有道理，但他却不同意与卡内基合作。

卡内基反复询问布尔门不肯合作的原因，布尔门沉默了半天，说："如果我们合作的话，新公司的名称叫什么？"

卡内基一下明白了布尔门的意图。他想起了自己少年时养兔子的事。于是，卡内基果断地回答："当然是'布尔门卧车公司'啦！"卡内基的回答使布尔门有点不敢相信，直到卡内基重复了一遍，布尔门才确信无疑。就这样，两人很快就达成了合作协议，取得了太平洋铁路卧车的生意合约，结果当然是"双赢"——布尔门和卡内基在这笔业务中，都大赚了一笔。

几年之后，随着资产的不断壮大，卡内基在宾夕法尼亚州匹兹堡建起了一家钢铁厂，专门生产铁轨。当时美国宾夕法尼亚铁路公司是铁轨的大买主，卡内基把这家新建的钢铁厂取名为"汤姆生钢铁厂"。果然，这位名叫汤姆生的董事长非常高兴，卡内基也顺利地取得了他稳定、持续的大订单。就这样，卡内基把命名权让给别人却让自己的事业发展壮大起来，最终成为赫赫有名的"钢铁大王"。

### 商径深解

在商场上，人人皆从自己的角度去思考问题，谋求利益。既然别人只讲功利，作为商人，你也少不了要讲点功利。为了求得合作或别的发展机会，不妨牺牲一些利益，满足对方的需求，以换取自己事业的大发展。但人的性格不同，他们的喜好自然也各有差异。投其所好能让对方欢欣愉悦，摸错方向则可能引起对方反感。先了解对方性格是行动前必须做的。

俗话说："人过留名，雁过留声。"名声是一种无形资产，每个人都很注重它，人人皆有好出名的心理，将出名的机会让给对方，往往能换来对方的合作。这即是一种牺牲"出名"之利来换取更大机会的方法。

当别人既能"出名"又能获利的时候，将会十分乐意选择你作为自己的合作伙伴。作为商人的你将在不断的合作中迅速扩张、壮大自己的事业，等到将来财大气粗的时候，不想出名都不行。

## 高质量是竞争的强力武器

20世纪60年代初，日本精工集团研制推出了"马贝尔"手表。该表在日本国内钟表精确度竞赛中连夺 3 年锦标，成为全日本最畅销的手表之一。

1960 年，国际奥委会决定 1964 年奥运会将在日本东京举行。

消息传出后，精工集团的员工群情激昂，决心借此机会强化广告宣传攻势，以显示自己的雄厚实力，向瑞士的"欧米茄"挑战。

"欧米茄"是驰名世界的瑞士名牌钟表。并且，"欧米茄"计时表曾有过 17 次独占奥运会计时权的辉煌历史。瑞士"欧米茄"以它的权威和自信是绝对不会放弃东京奥运会计时权的。

为了摸清对手的底细，精工集团秘密组成了一支精悍的考察队，前往当年在罗马举行的奥运会。

到了罗马之后，精工考察队的技术人员才感到，奥运会简直是"欧米茄"的产品展览会。马拉松以及长跑项目不必说，其他各类项目几乎都是在"欧米茄"的指针下决出胜负的。可以这样说，从大的时钟到裁判员手里拿的秒表，都是"欧米茄"的天下。

更令他们感到惊讶的是，国际奥委会对于"欧米茄"有着绝对的信赖。

然而，不久后，精工考察队的心中便有数了。因为，经过仔细调查后，才知道所有使用的"欧米茄"制造的计时装置，几乎都是机械式钟表，而石英钟表才有几部。

这使精工考察队的技术人员不再有畏惧心理，因为那时他们已经成功地开发出能赶上瑞士的机械手表，而正是在他们出发到罗马时，超常精确度的豪华精工表已经制造完成，并且受到国际的好评。

此刻，考察队通过在罗马的比较分析之后，确定日本钟表工业的水平已经具备了和瑞士并驾齐驱的实力。

他们怀着非常振奋的心情回到日本，马上写出了一份调查报告。其结论是："对于担任东京奥运会的计时装置很有信心，它必须采用比目前在比赛中使用的钟表更先进的设备，而'欧米茄'并不可怕。"

"让欧米茄见鬼去吧！"这是当时精工集团员工们的一致口号。

不久，精工集团从精工舍、第二精工舍以及诹访精工舍这三个公司调来 20 名技术精英组成了计时装置开发组，以 4 年后的东京奥运会上取代"欧米茄"为目标，开始了决战。

他们首先提出了"制造比罗马奥运会还要先进的计时装置"的口号，然后制定了精工集团这三个公司所负责的具体工作。

这实在是最高明的做法。因为，要在有限的时间里完成最高水平的产品，这三家公司必须以各自的优秀技术来决定胜败。

经过讨论之后，由精工舍负责大型钟表和显示器，第二精工舍负责跑表。由于诹访精工舍多年来一直由 59A 计划小组来开发石英钟表，所以由它来负责研制东京奥运会的石英表，这也是至关重要的一环。

59A 计划小组果然不负精工集团众望，抢先研制出一部世界级的最新产品，那就是石英表 951 二型。这种石英表主要用于马拉松等长跑项目，它重 3 公斤，平均日差 0.2 秒，裁判可以用一只手轻松地携带着，而且两个干电池可以用一年，和以前有一部小型卡车那么大的石英钟表相比，确实是一大进步。

据说，国际奥委会确定在东京奥运会上用日本造的计时装置，是因为他们看过石英表 951 二型的性能，留下了异常深刻的印象。

1963 年 1 月，精工集团决定提交一份正式文件给奥委会：精工集团希望提供东京奥运会的跑表、大钟、精密的计时设备等。

同年 5 月份，奥委会正式回答：请全面加以协助。

"精工舍"终于战胜了"欧米茄"，争得了奥运会计时权。

在东京奥运会，精工表大展雄风，加之大力广告宣传，备受赞誉，成了日本的骄傲。

奥运会的比赛计时用表大都要精确于零点零几秒，作为一直垄断奥运会计时权的瑞士表，无疑是行业的龙头，代表制表业的最高水准。只有先用后视镜了解它，才有可能超过它，另一方面，如果能夺得奥运会计时权，那么，那样的表不言而喻，肯定是精准无比。这便是"精工舍"的诉求点。通过与瑞士机械表的比拼，日本"精工舍"的石英表以实力说话，一举夺魁。

### 商径深解

中国有句俗话叫"酒好不怕巷子深。"在市场竞争激烈的今天，这句话有它的局限性，但不可否认，过硬的质量是商战搏击中的利器。

质量是企业的感觉，是理论数据，但更是顾客对公司的认可度。如何保持质量并提高质量，使顾客满意是保持和争夺企业产品市场占有率的手段。而具体的质量参数标准，往往是同行间对比的结果，这就要求商人多了解对手，特别是处于行业前沿的对手的产品质量。然后提高自己，以最高的质量来赢得顾客。

产品质量在保证顾客满意的同时，也有其固有的物理化学指标。一般而言，第一是安全性，安全是消费者对产品的基本要求。第二是耐用性，消费者都较实际，易选耐用产品。第三是新颖性，喜新厌旧是人类的特性，新颖性能使消费者产生美好的视觉效果。商人要想在竞争中超越对手就要在这三个方面下功夫。

　　总之，商人必须注重质量的需求和满足，以高质量为武器，在市场竞争中战胜对手。

# 第七章
## 以合入径
### ——从合作中谋发展

在现今高科技信息时代，独自一人闯天下来获取成功的梦想，往往被现实无情击碎。在残酷的社会竞争面前，要想成功，单凭个人力量是很难取得持久性成就的。当两个或两个以上的人在任何方面把自己联合起来，建立和谐与谅解后，每一个人将因此倍增他们成就事业的能力，商人做生意尤是如此。

## 失败是成功的本钱

某著名大公司招聘职业经理人，应者云集，其中不乏高学历、多证书、有相关工作经验的人。经过初试、笔试等四轮淘汰后，只剩下 6 个应聘者，但公司最终只选择一人作为经理。所以，第五轮将由老板亲自面试。看来，接下来的角逐将会更加激烈。

可是当面试开始时，主考官却发现考场上多出了一个人，出现 7 个考生，于是就问道："有不是来参加面试的人吗？"这时，坐在最后面的一个男子站起身说："先生，我第一轮就被淘汰了，但我想参加一下面试。"

人们听到他这么讲，都笑了，就连站在门口为人们倒水的那个老头子也忍俊不禁。主考官也不以为然地问："你连考试第一关都过不了，又有什么必要来参加这次面试呢？"这位男子说："因为我掌握了别人没有的财富，我本人即是一大财富。"大家又一次哈哈大笑了，都认为这个人不是头脑有毛病，就是狂妄自大。

这个男子说："我虽然只是本科毕业，只有中级职称，可是我却有着 10 年的工作经验，曾在 12 家公司任过职……"这时主考官马上插话说："虽然你的学历和职称都不高，但是工作 10 年倒是很不错，不过你却先后跳槽 12 家公司，这可不是一种令人欣赏的行为。"

男子说："先生，我没有跳槽，而是那 12 家公司先后倒闭了。"在场的人第三次笑了。一个考生说："你真是一个地地道道的失败者！"男子也笑了："不，这不是我的失败，而是那些公司的失败。这些失败积累成我自己的财富。"

这时，站在门口的老头子走上前，给主考官倒茶。男子继续说："我很了解那 12 家公司，我曾与同事努力挽救它们，虽然不成功，但我知道错误与失败的每一个细节，并从中学到了许多东西，这是其他人所学不到的。很多人只是追求成功，而我，更有经验避免错误与失败！"

男子停顿了一会儿，接着说："我深知，成功的经验大抵相似，容易模仿；而失败的原因各有不同。用 10 年学习成功经验，不如用同样的时间经历错误与失败，所学的东西更多、更深刻；别人的成功经历很难成为我们的财富，但别人的失败过程却是！"

男子离开座位，做出转身出门的样子，又忽然回过头："这 10 年经历的 12 家公司，培养、锻炼了我对人、对事、对未来的敏锐洞察力，举个小例子吧——真正的考官，不是您，而是这位倒茶的老人……"

在场所有人都感到惊愕，目光转而注视着倒茶的老头。那老头诧异之际，很快恢复了镇静，随后笑了："很好！你被录取了，因为我想知道——你是如何知道这一切的？"

老头的言语表明他确实是这家大公司的老板。这次轮到这位考生一个人笑了。

　　你在创业和经营的过程中，失败有时也难免。即使真的败了，也不要瞧不起自己。从物质上说，失败可以让你避免犯同样的错误；从精神上来说，失败能让你更加坚韧和谨慎。这些是金钱根本买不到的财富。拥有了教训，增强了素质，即使败的一无所有，照样可以从头再来。

　　许多成功的大人物和商业中的佼佼者从来都没有看不起失败，甚至把失败看成宝贵的经商条件和做人资本。毕竟，失败也值钱，那是成功的本钱。

# 甘吃小亏才能占大便宜

　　岛村芳雄想自立门户创业，创业无疑是艰难的，资金问题就一直困扰着他。最后他决心硬着头皮向银行贷款。但是，有谁会愿意将钱贷给一个吃了上顿愁下顿的穷光蛋呢？结果，岛村拜访了多家银行，得到的只是嘲笑和白眼。但岛村并没有因此而气馁，他选定一家银行作为目标，一次又一次地提出贷款申请，希望人家大发善心。

　　苍天不负苦心人。前后经过3个月，到了第101次时，对方终于被他那百折不挠的精神所感动，答应贷给他 100 万日元。当亲朋好友知道他获得 100 万日元银行贷款时，也纷纷向他伸出了援助之手，最后，岛村芳雄总共获得了 200 万日元的借款。于是他辞去店员的工作，成立"丸芳商会"，开始了贩卖绳索业务。

在借钱期间，岛村芳雄发现了一个秘密，要借钱的人肯定都是钱不够或不多的人，但这些人明明也没什么钱却能顺利地借到钱，原因是人缘好、口碑好，他认为一个人只要口碑好了，那借钱赚钱的机会就会随之而来，岛村芳雄是个执着的人，他终于想出了一个妙法，并希望着这个妙法会给他带来日后的商机。

首先，他前往麻产地冈山找到麻绳厂商，以单价 0.5 日元的价钱大量买进 45 厘米长的麻绳，然后按原价卖给东京一带的纸袋加工厂。这样做，不但无利，反而损失了若干运费和业务费。但这并不是他缺乏经营头脑，而是他在运用欲擒故纵，由小而大之计。

亏本生意做了一年之后，"岛村芳雄的绳索确实便宜"的声名远播，订货单从各地像雪片一样纷纷飞来。

于是，岛村芳雄按部就班地采取下一步行动。他拿进货单据到订货客户处诉苦："到现在为止，我是一毛钱也没赚你们的。如果让我继续为你们这么服务的话，我便只有破产这条路可走了。"

客户被他的诚实做法深深感动，心甘情愿地把每条麻绳的订货价格提高为 0.55 日元。然后，他又到冈山找麻绳厂商商量："您卖给我一条绳索 0.5 日元，我一直照原价卖给别人的，因此才得到现在这么多的订单，如果这种无利而且赔本的生意继续做下去的话，我的公司只有关门倒闭了。"

冈山的麻绳生产商一看他开给客户的收据存根，也都大吃一惊，这样甘愿不赚钱做生意的人，他们生平还是头一次遇见，于是不假思索，一口答应将单价降到每条 0.45 日元。

这样，一条绳索可赚 0.10 日元，按当时他每天的交货量 1000 万条算，一天的利润就有 100 万日元，比他以前当店员时 5 年的薪金总和还要多。

岛村芳雄做生意还真是有一套，他可算是把"先予后取"的商业原则用到了极点。他这样做的目的是让别人愿意与自己合作，以便把生意做开。路子打开了，财源自然随之滚滚而来。

## 商径深解

俗话说："舍不得孩子套不住狼"，"先予后取"的用法很简单，不外乎就是先吃点小亏后赚大便宜，难的是对世态人情的理解。因此，对于那些对人性人情没有深刻认识的人来说，一般都不敢使用这个方法，即使用了，也会心存疑虑，畏畏缩缩的，总担心送出去了就收不回来。结果，当然达不到预期的目的。

只有目光远大者才能吃小亏。很多商人在交易过程中看到了眼前的蝇头小利，"不拿白不拿"，"不吃白不吃"。有小便宜就占，有小亏就躲，这样的人只看到了暂时，而别人也看出了这种人的贪婪和精明。在商场上，没有人愿意和太精明的人合作，因为那样会显得自己很傻，总让别人占小便宜毕竟是一件让人觉得不舒服的事。反倒是甘愿吃点小亏的人能够吸引更多的合作者，能保持相对长久的合作关系，如此这般自然能获得丰厚长远的利益。

# 关系带来财富

拉菲尔·杜德拉是委内瑞拉一家玻璃制造公司的老板，凭着顽强的毅力将玻璃制造公司经营的红红火火。但他的目标不在这儿，而是一心渴望有一天能在石油生意上有所发展。

一天，他从一个朋友处获悉阿根廷即将在市场上购买 2000 万美元的丁烷气体，虽然财力不足，但他却意识到这是个难得的商机，所以他很想接下这宗生意。他决定去阿根廷考察个究竟，看看这一信息是否属实。到那里一打听，发现果有此事。于是他开始盘算怎么争取到这笔生意。

此前，杜德拉从未接触过石油业，对该行业可以说是个"门外汉"，要做起来也会有一定的困难。经过多方面调查后，他发现这宗生意已有两位非常强大的竞争对手，一是英国石油公司；一是壳牌石油公司。这两个公司财雄势大，有丰富的石油经营经验。杜德拉知道，如果从正面与这两大竞争对手较量，无疑是"以卵击石"。于是，他决定采用侧面进攻的战术参与这 2000 万美元买卖的竞争。

为了找到一个好的方法，杜德拉再次对阿根廷市场做深入调查，发现这里的牛肉过剩，急于寻找出路。他反复思考，认为可以在这个问题上大作文章：如果自己能帮阿根廷推销过剩的牛肉，就可以促使阿根廷购买自己的丁烷气。

拿定主意之后，杜德拉通过朋友来到阿根廷政府有关部门，并对他们这样说："如果你们向我购买 2000 万美元的丁烷气，我便向你们订购

2000万美元的牛肉。"阿根廷政府觉得杜德拉的条件优于其他竞争者，能解自己的燃眉之急，便决定把采购丁烷气的投标机会给他，使他一下有了强大的进攻力量。

接下来，杜德拉在寻找牛肉买家的过程中，从另一个朋友那里了解到这样一条信息：西班牙有一家大船厂，这家工厂制造能力很强，却缺少订单，工厂处于半停产状态，西班牙政府十分关注。杜德拉认为这条信息又是一个很好的机遇，便前往该国的有关政府部门游说。他表示："假如你们向我买2000万美元的牛肉，我便向你们的船厂订制一条价值2000万美元的超级油轮。"这一条件对西班牙政府来说是求之不得的，因为他们本来就要进口大量的牛肉。于是，他们立即达成协议，并通过西班牙驻阿根廷大使与阿根廷联络，告诉阿根廷将杜德拉所订购的2000万美元的牛肉直接运往西班牙。

事实上，杜德拉在向西班牙推销牛肉之初，就已在物色租船的客户。最后他找到美国的太阳石油公司洽谈。他对这家公司的老板说："如果你们肯长期租用我的一条超级油轮，我就向你们购买2000万美元的丁烷气。"太阳石油公司想，反正自己是要租油轮的，现在他能买自己的产品，条件是有利的，便欣然接受了。

就这样，杜德拉利用朋友及时传递的信息，以穿针引线的连环术闯入了石油行业。

### 商径深解

首先，关系可以网罗商机。你的某位朋友会在适当的时候把适合你发展的最新的重要信息告诉你。你可以据此调整经营战略和方式，抢先占领市场。其次，关系可以送给你实惠。商人之间的关系大多由业务发展而来。在相互交流的过程中，双方不仅会在利益上相互依存，还会在感情上相互信任，所谓"互惠互利"，对方为了实现自己的利益势必会分给你部分实惠，没有人愿意毫无缘由地把利益送给不相干的人。最后，关系还意味着无处不在的方便和支持。在外有业务伙伴的帮助，在内有各方面同仁的支持，广泛的关系网会让你受益无穷。

有了关系，生意就会灵活、方便，各个环节畅通无阻，就会带给你机遇、利益和帮助，虽然它不是金钱，却胜似金钱；不是资产，却形同资产。

## 独吞不如共享

"七匹狼"拥有服装品牌"七匹狼"、"与狼共舞"等多个子品牌，但获得市场认可的品牌目前只有"七匹狼"，而且在消费者心中的分量不如"范思哲"、"鳄鱼"、"罗宾汉"、"U2"等品牌。2002年世界杯期间，七匹狼公司通过一系列动作来改变这种现状。

面临世界杯这个巨大的商机，可口可乐、雕牌、百事可乐、非常可乐悉数出击抢占广告锋线，健力宝更是以3000万元夺得央视"特约播出"。世界杯还未开战，赛事之外的广告硝烟已经弥漫。

与绝大部分商家"单挑"不同的是，海尔集团与七匹狼公司却无比冷静。它们悄悄做起了"世界杯策略联盟"，并致力于把所有的广告活动"落地化"，即重点耕耘终端，获得销售的最大化。七匹狼公司和海尔集团的合作包括终端促销的互动和部分广告资源的互动，目的在于顾客资源与广告资源最大化，给消费者以最大的实惠。

海尔集团从 2002 年 5 月起，在其上万个专卖点赠送由七匹狼公司提供的 30 万张、价值 1500 万元的"酬宾券"活动：七匹狼公司则从 2002 年 5 月开始在 1100 多家专卖网点推出"买七匹狼 T 恤，得海尔彩电，品国足精神"的大型刮奖活动，赠送 1000 台海尔最新款宝德龙彩电及百万份的礼品。

为了配合此次活动，海尔总部与七匹狼公司已将各自网点全面铺开，在专卖店，海尔集团的销售人员把奖券递到顾客手中，处处体现"真诚到永远"的企业精神，而"七匹狼"的品牌形象也已嫁接到海尔的服务当中去了。"七匹狼"与海尔这样的大品牌进行合作，既增加了产品的含金量，又对产品销售起到联动的作用。这种互融与象征意义使海尔集团的 1000 台彩电打上了"七匹狼"的英文标识，优势互显，共同带动终端市场的启动。七匹狼公司还推出一、两个面积在 300 平方米以上旗舰店，增强终端优势，打造"七匹狼"的品牌形象。

七匹狼与海尔在世界杯广告战中的联合，相互合作不仅发挥了各自的优势，而且互惠互利，变对手为盟友，共同提升了各自品牌的含金量。

//// 商径深解 ////

在现代社会，各个行业和产业的联系越来越紧密，纵使你再有能耐，也不可能一个人把原料、生产、销售、物流和服务全都包揽下来，不和别人合作那是不可能的。在竞争激烈的商业社会中，精明的商人都倾向于使用双面镜去寻求别人的加盟与合作，这无疑是明智的，而且要挣大钱，成大事必须借助外力。要保持和维护长期合作，必然要求有双赢的结果，谁也不甘心花费了心血和精力最终却毫无所获，或者所获甚少。

但人性往往如此，每个人都看到了自己对这份利益的贡献，自然就希望获得较多的利益。面对这一不可避免的矛盾，与其独吞不如共享！即使利益的分配存在着不公，只要不明显，也不要过多的计较。因为相互争夺的结果，即使达到了目的也必然耗费许多时间和精力，而且从长远来看，也将失去一个合作伙伴。与其得不偿失，倒不如大度一些，有钱大家一起赚，有好处大家一起分，即使不能达到百分之百的公平，也不必耿耿于怀。只有这样，你才能在长期良好合作的基础上，获得大的成功。

# 以德报怨换回双赢

罗伯特是加州一个水泥厂的老板，由于经营重合同守信用，所以生意一直火爆。但前不久另一位水泥商莱特也进入加州进行销售。莱特在罗伯特的经销区内定期走访建筑师、承包商，并告诉他们："罗伯特公司的水泥质量不好，公司也不可靠，面临着倒闭"。

罗伯特解释说他并不认为莱特这样四处造谣能够严重损害他的生意，但这件麻烦事毕竟使他心生无名之火，谁遇到这样一个没有道德的竞争对手都会愤怒。

"有一个星期天的早晨"，罗伯特说，"牧师讲道的主题是：'要施恩给那些故意跟你为难的人。'我当时把每一个字都记了下来，但也就在那天下午，莱特那家伙使我失去了9份五万吨水泥的订单。但牧师却叫我以德报怨，化敌为友。

"第二天下午，当我在安排下周活动的日程表时，我发现住在纽约我的一位顾客正在为新盖一幢办公大楼要批数目不少的水泥。而他所需要的水泥型号不是我公司生产的，却与莱特生产出售的水泥型号相同。同时我也确信莱特并不知道有这笔生意。"

"我做不成你也别做！"商业竞争的残酷性本就是你死我活，理所当然应该保密。这是经商之人的普遍心态，更何况莱特那混蛋还无中生有，四处中伤罗伯特。

但罗伯特的做法却出乎常人的意料。

"这使我感到左右为难"，罗伯特说，"如果遵循牧师的忠告，我应该告诉他这笔生意。但一想到莱特在竞争中所采用的卑劣手段，我就……"

罗伯特复杂的心理斗争开始了。

"最后，牧师的忠告盘踞在我心中，也许我想以此事来证明牧师的对错。于是我拿起电话拨通了莱特办公室的号码。"

我们可以想象莱特拿起话筒瞬间的惊愕与尴尬。

品德与技艺同样重要

"是的，他难堪得说不出一句话来，我很有礼貌地告诉他有关纽约那笔生意的事，"罗伯特说，"有阵子他结结巴巴说不出话来，但很明显，他发自内心的感激我的帮助。我又答应他打电话给那客户，推荐由他来提供水泥。"

"那结果又如何呢？"有人问。

"喔，我得到惊人的结果！他不但停止了散布有关我的谣言，而且同样把他无法处理的生意也交给我做。现在嘛，加州所有的水泥生意已被我俩垄断完了。"罗伯特有些手舞足蹈。

### 商径深解

商界老板应时刻提醒自己：在这个圈子里，其目的就是要让自己的公司发展壮大，实力增强，要做好生意，要获得财富，就要建立广泛的社会关系，其中包括与你的对手交朋友。结一个冤家就相当于堵住了自己的一条退路和进路；如果包容了一个对手，就相当于多交了一个朋友。对这一点其实没有任何疑问。当处于被动地位的你，一旦以德报怨就站在了主动的地位，因为对方也需要接招和应战。

你的举动会超乎对手的意料，他弄不明白你到底是真的友好还是有所企图。如果他足够明事理，一定会接纳你，因为没有谁愿意得到"心胸狭窄"、"小肚鸡肠"和"为富不仁"的名誉。这就有了相互合作的可能。而你将用宽容的姿态，为自己在众人心目中留下胸怀宽广和明智聪慧的印象，从而赢得更多的合作机会。所以，无论从哪个方面说，你都是赢家。

## 把双赢作为竞争策略

胡雪岩做生意向来把人缘放在第一位。所谓"人缘"，对内是指员工对企业忠心耿耿，一心不二；对外则指同行的相互扶持、相互关照。因此，胡雪岩常对帮他做事的人说："天下的饭，一个人是吃不完的，只有联络同行，要他们跟着自己走，才能行得通。所以，捡现成要看看，于人无损的现成好捡，不然就是抢人家的好处。要将心比心，自己设身处地，为别人想一想。"胡雪岩是这么说的，更是这么做的，他的商德之所以为人称道，很重要的一条，就是把同行的情看得高于眼前利益，在面对你死我活的激烈竞争时，做到了一般商人难以做到的：不抢同行的饭碗。

胡雪岩准备开办阜康钱庄，当他告诉信和钱庄的张胖子"自己弄个号子"的时候，张胖子虽然嘴里说着"好啊"，但声音中明显带有做作出来的高兴。为什么呢？因为在胡雪岩帮王有龄办漕米这件事上，信和钱庄之所以全力垫款帮忙，就是想拉上海运局这个大客户，现在胡雪岩要开钱庄，张胖子自然会担心丢掉海运局的生意。

为了消除张胖子的疑虑，胡雪岩明确表态："你放心！'兔子不吃窝边草'，要有这个心思，我也不会第一个就来告诉你。海运局的往来，照常归信和，我另打路子。"

"噢！"张胖子不太放心地问道："你怎么打法？"

"这要慢慢来。总而言之一句话，信和的路子，我一定让开。"

既然胡雪岩的钱庄不和自己的信和抢生意，信和钱庄不是多了一个对手，而是多了一个伙伴，自然疑虑顿消，转而真心实意支持阜康钱庄。张胖子便很坦率地对胡雪岩说："你为人我信得过。你肯让一步，我见你的情，有什么忙好帮，只要我办得到，一定尽心尽力！"在胡雪岩以后的经商生涯中，信和钱庄给了他很大的帮助，这都要归功于他当初没有抢了信和生意的那份情谊。

甚至对于利润极丰的军火生意，胡雪岩也都是抱着"宁可抛却银子，绝不得罪同行"的准则。军火生意利润大，风险也大，要想吃这碗"军火"饭并不是一件容易的事。胡雪岩凭借他已有的官场势力和商业基础，并且依靠他在漕帮的势力，很快便在军火生意上打开了门路，着实做了几笔大生意。这样，胡雪岩在军火界也成了一个头面人物了。

一次，胡雪岩打听到一个消息，说是外商又运进了一批性能先进、精良的军火。消息马上得到进一步的确定，胡雪岩知道这又是一笔好生意，做成一定大有赚头。他马上找到外商联系，凭借他老到的经验、高明的手腕，以及他在军火界的良好信誉和声望，胡雪岩很快就把这批军火生意搞定。

然而，正当胡雪岩春风得意之时，他听商界的朋友说，有人在指责他做生意"不地道"。原来外商此前已把这批军火以低于胡雪岩出的价格，拟定卖给军火界的另一位同行，只是在那位同行还没有付款取货时，就又被胡雪岩以较高的价格买走，使那位同行丧失了几乎稳拿的赚钱机会。

胡雪岩听说这事后，对自己的贸然行事感到惭愧。他随即找来那位同行，商量如何处理这件事。那位同行知道胡雪岩在军火界的影响，怕胡雪岩在以后的生意中与自己为难，所以就不好开列什么条件，只是推说这笔生意既然让胡老板做成了就算了，只希望以后留碗饭给他们吃。

事情似乎到这一步就可以这么轻易地解决了，但胡雪岩却不然，他主动要求那位同行把这批军火以与外商谈好的价格"卖"给他，这样那位同行就吃个差价，而不需出钱，更不用担任何风险。事情一谈妥，胡雪岩马上把差价补贴给了那位同行，胡雪岩的这一做法不仅令那位同行甚为佩服，就连其他同行也都非常钦佩。

如此协商一举三得，胡雪岩照样做成了这笔好买卖；没有得罪那位同行；博得了那位同行衷心的好感，在同业中声誉更高。这种通达变通的手腕日益巩固着胡雪岩在商界中的地位，成了他在商界纵横驰骋的法宝。

不抢人之美，是胡雪岩做人处事方式的基本准则。他一直恪守这一准则，不仅在商场，就是周旋官场也是如此。

胡雪岩在外经商多年，尽管自己不愿意做官，但和场面上人物来往，身上没有功名显得身份低微，这才花钱买了个顶戴，后来王有龄身兼三大职务，顾不了杭州城里的海运局，正好胡雪岩捐官成功，王有龄就说要委任胡雪岩为海运局委员，等于王有龄在海运局的代理人。

对此，胡雪岩以为不可。他的道理也很简单，但一般人就是办不到，其中关键，在于胡雪岩会退一步为别人着想。胡雪岩告诉王有龄，海运局里原来有个周委员，资格老、辈分高，按常理王有龄卸任，应由周委员替代才是，如果贸然让胡雪岩坐上这个位子，等于抢了周委员应得的好处。反正周委员已经被他收服，如果由周委员代理当家，凡事肯定会与胡雪岩商量，等于还是胡雪岩幕后代理。既然如此，就应该把代理的职位赏给周委员。

这样一来，胡雪岩既避免了将周委员的好处抢去，也避免了为自己树敌。所以说，他的"舍"实在是极有眼光、有见地的高明之举。

胡雪岩不抢同行的饭碗，并非回避竞争与冲突，而是舍去近利，保留交情，以和为贵，从而带来更长远、更巨大的商业利益。

### 商径深解

以相互合作为基石在经商中最佳的使用结果就是在收益时实现"双赢"。任何"单赢"的策略对你都是不利的，因为它必然会有这样的结果：

除非对手是个软弱角色，否则你在与对方进行争斗的过程当中，必然会付出很大的心力和成本，而当你打倒对方获得胜利时，你大概也已心力交瘁了，甚至所得还不足以偿付你的损失。

所以无论从什么角度来看，那种"你死我活"的争斗在实质利益、长远利益上来看都是不利的，因此你应该活用"双赢"的策略，彼此相依相存。

　　在商业利益上，讲求"有钱大家赚"，这次你赚，下次他赚，这回他多赚，下回你多赚，何必贪心呢！

　　对于商人来说，"双赢"是适合现代社会的良性竞争结果。

# 第八章

# 以换入径

## ——学会换一个角度看问题

"横看成岭侧成峰，远近高低各不同。"所有成功的商人都有一套自己的"路子"。不难发现，他们的目标虽然同是赚钱，但达到目标的方法却存在很大的差异。很多时候，经营手法的特殊，使他们更快走向成功。只要你细心留意，学会用多棱镜观察问题、寻找商机，定能印证那句俗话："条条大路通罗马"。

# 莫以利小而不为

卢俊雄是广州人，小时候家里生活比较贫困，全家月收入还不到 100 元。卢俊雄从小就爱读书，尤其爱看小说。由于受书中人物的影响，他决心长大后要做一个发大财、创大业的人，并立即将这种决心付诸行动。这时，他小学还未毕业。

在他的一再要求下，父亲同意每个月给他一块钱的零花钱。你知道他如何用这一块钱的吗？卢俊雄并没有将这一块钱随便花掉，而是用它来做生意。人们常说，生意差不多都是由小及大的，而卢俊雄的生意真是够小的了。

也许有人会问：一块钱能做什么生意呢？

是啊，一块钱能做什么生意呢。但卢俊雄确实是用一块钱开始做生意的。当卢俊雄从父母那儿拿到第一块钱后，他在街上胡乱逛了几天，终于找到一条生财之道：用这一块钱，到邮电局报刊部批发每份 3 分钱的《羊城晚报》共 30 多份，然后以每份 4 分钱的价格拿到街上零售，除掉来回车费，每天可以赚得 2 毛钱。一天 2 毛钱，一个月下来就有 6 元钱的纯利润了。

几个月以后，街坊们都称他为"报童"，卢俊雄也因此赚来了100多元钱，这时候，他不再满足于每天赚2毛钱了。于是，在卖报的同时，他开始留意新的发财门路。经过观察和分析后，他选择了经营旧书。

具体操作是这样的：他每周到仓边路旧货收购站去一两次，观察收购行情，每当有人拿旧书来卖时，他就出比收购站高的价钱，把旧书买下来，拎回家中。接下来，他将那些有阅读价值或者有收藏价值的图书一一挑选出来，整理、分类、擦洗干净、贴补拼凑，弄得像模像样，然后，转手卖到北京路旧书回收部。通过旧书生意，卢俊雄脑子变得更聪明了，在他眼里，遍地都是商机。

1980年，全国首届邮票展销会在广州文化公园举行。卢俊雄也参加了。他用仅有的几十元本钱，扎进公园门口那群炒邮票的人堆中。

邮票价格的总趋势永远会上涨。一般邮票的升值率为30%（年均数），远远高于银行存款利率，也比其他多数生意要高。卢俊雄看准了这一点，决心在炒邮票上把生意扩大。

说干就干，当他上初中二年级时，已经筹建了广州市第一个自发性质的中学生社团：省城集邮社。当时，卢俊雄只帮助爱好集邮的学生代买各种邮票，然后从中捞取一点点"劳务费"。卢俊雄不是一个容易满足的人，高二寒假时，他又组织创办了大陆第一个"中学生集邮冬令营"。他原以为冬令营会办得非常成功，因为当时各个学校有不少学生报了名。然而，事实令他大跌眼镜：开营那天，只来了一个营友。

满腹的厚望化为泡影，卢俊雄心情异常沉重，阴郁难以排遣。于是，他把这种心情诉诸文字，寄给香港《邮票世界》杂志社，文章被放在重要位置刊载了。卢俊雄万万没料到，这篇借以解愁的文字却成了绝好的广告，一些海外邮票商竟然纷纷来函、寄钱，托他购买邮票。众所周知，在邮票市场，有这样一条规则：邮票无国籍，凡200枚以内的邮票夹在信封里邮寄无须纳税。利用这一规则，卢俊雄开始步入国际市场，赚取外汇。

卢俊雄真正发迹是1987年过春节之后。当时，卢俊雄做出一个非常大胆的举措：用非常低廉的价格购进了一批头一年的贺卡。没想到，别人看似亏本的生意他却狠赚了一笔。后来，他正是用这次卖贺卡赚来的钱办起了一份双面铅印8开的《南华邮报》。然后，他通过《集邮》杂志和邮票公司搜集到了全国2000多个集邮爱好者的姓名、详细地址，并将报纸免费寄给他们。邮报免费寄出后，有人开始回函，希望代购某些邮票。到1988年1月时，卢俊雄已做成了3万多元的邮票生意。

1989年，《南华邮报》的发行数突破了5万份，也就是说，卢俊雄此时已拥有五万多个固定客户。这一成绩感动了具有30多年历史的邮界权威杂志《集邮》，于是它破天荒为卢俊雄这个邮票商免费刊出销售广告。当月，卢俊雄的营业额直线上升，窜至30多万元。

之后，卢俊雄的生意开始越做越大，他承包了某个协会的一个门市部，在邮局里租了一个信箱专营邮购生意。以此，奠定了他作为大陆第一邮购商的地位。

1991年2月至3月间以及7月至8月间这段时间，股市整顿，卢俊雄又以敏锐的目光瞄准了股市，并在股市上大显身手，从而一跃成为与杨百万齐名的大富豪。此后，卢俊雄又将目光转向房地产业，并创办广东华隆发展公司。现在，卢俊雄已是拥有亿万家资、赫赫有名的青年实业家。

俗话说："海不辞水，故能成其大；山不辞土石，故能成其高。"卢俊雄正是从小处着眼，从一点一滴做起，不辞微利，积微成多，最后才汇成了财富的大海，垒起了事业的高山。特别是他量力而行，不愿放弃哪怕只能赚一分钱的精神实在让人佩服。

### 商径深解

"珍惜小钱，注重积累"是从积少成多的角度来处理财富问题。"莫以利小而不为"应成为每一个商人的座右铭。只有不嫌弃每一分硬币，经过一个积累的过程你才能获得更多。任何一种成功都是从点滴积累起来的，将军要从小兵成长起来；经验要从诸多小事中总结而来；财富必须从小钱累积而成。

事实上，赚小钱是赚大钱的基础，很多富翁都是从一点一滴做起，都是从小生意赚到小钱才成为大富翁的。赚小钱，从一点一滴做起是赚大钱的必要步骤。因为在赚小钱的过程中，可增加经验、见识阅历，培养金钱意识和赚钱能力，同时积累人际关系。试想，一个连小钱都赚不到的人，如果交给他一家大公司，他又如何能管理得了呢？所以，要想赚大钱，还是要脚踏实地，从一点一滴做起，由小及大。

当然，要想实现积微成多的梦想，还必须做到败不馁、胜不骄、奋发图强、开拓进取。一个真正成功的商人，必定是看重每一个小钱价值的人。

# 弱小也可以挑战强大

大名鼎鼎的运动鞋大王菲尔·耐特,在不到 10 年的时间里,使耐克公司由一家输入日本运动鞋的小进口商一跃而成为美国头号的运动鞋制造厂商。1976 年,耐克公司年销售额仅为 2800 万美元,1980 年达到 5 亿美元,一举超过在美国领先多年的阿迪达斯公司。到 1990 年,耐克年销售额高达 30 亿美元,把老对手阿迪达斯远远地抛在后面,稳坐美国运动鞋的头把交椅,创造了一个令人难以置信的奇迹。

耐特在一次鞋类产品交易会上,遇到了日本的制鞋商鬼冢虎。这个精明的日本人看过耐特新款运动鞋的设计图样后大喜,当即与他签订了合同,由美方设计经销,在日本制造。

就这样,耐克公司的前身——蓝绶带公司诞生了。这家小小的公司,由耐特、鲍尔曼等几个人组建,资产只有 1000 美元。一年后,日本方面送来 200 双运动鞋,公司才正式开始营业。

后来,日商鬼冢虎察觉产品销路不错,便要求鲍尔曼他们先汇款后发货。这样一来,他们的资金压力加大了,只好加倍努力推销。鬼冢虎还常常不按期交货,甚至把一等品偷偷地留在日本销售,把次品送往美国。一次,鲍尔曼他们收到一批鞋,顾客穿了两个星期,鞋底鞋帮就裂开了。

鲍尔曼的公司销量不断上升。1971 年,鲍尔曼的公司销售额已超过 600 万美元。鬼冢虎派人来到美国,提出由鬼冢虎购买鲍尔曼公司 51% 的股份,并在 5 个董事中占两席,如果不答应这个要求,立即停止供货。对日商的一再刁难,鲍尔曼和耐特忍无可忍,断然拒绝这一无理的要求。凭着自己的设计专利，他们很快找到了合伙人，并且就在这年年底正式改名为耐克公司。美国的大制鞋商，特别是最大的阿迪达斯公司，根本没把耐克这类销售额仅几百万的小公司放在眼里。直到20世纪70年代中期，形势逐渐发生了变化，不少运动员都喜欢穿耐克公司的新款运动鞋，这时，阿迪达斯等大公司才着了急，千方百计想挤垮崭露头角的耐克公司。

1976年，耐克公司的年收益接近800万美元，比起数十亿美元的阿迪达斯，当然算不了什么，但阿迪达斯已感受到它的潜在威胁。当年的奥运会，照例是商家的必争之地，特别对体育用品公司更是这样。耐克派了9名推销员参加，阿迪达斯却派了300人，组成一支强大的推销队伍。耐克花去推销宣传费7.5万美元，阿迪达斯却花费600万到900万美元。实力雄厚的阿迪达斯争取了相当一批冠军获得者试穿他们的运动鞋和运动服。而耐克好不容易才争取到一名有可能拿到金牌的马拉松长跑运动员签约穿耐克鞋参赛。谁知就在这名运动员进入赛场的前一分钟，某大公司做了手脚，使他脱下耐克鞋，换上了别的品牌鞋。耐特正巧在电视上看到了这一幕，气得一夜未眠。

1980年前后，体育运动变成了时髦风尚，尽管并非人人都从事体育运动。电视屏幕上铺天盖地的广告，宣传介绍包装精美、不用熨烫的运动服和式样新颖的运动鞋，以及几乎天天都有的体育比赛实况转播，使任何人都无法抵挡体育运动的诱惑，即使从来不参加体育活动的人也为之怦然心动。体育运动的魅力、活力、意志力和获胜的喜悦，促使人人都去穿运动鞋和运动服。于是，人们开始将美国黑人流行艺术引用到运动衣和运动鞋上，使之成为时髦的标志。

耐特很快看出了体育用品市场上这一重大变化。他一方面坚持初衷，坚持办体育用品公司，而不办时装公司；另一方面又采取了产品多样化策略，除生产运动鞋外，还推出了童鞋、非运动休闲用鞋、旅游鞋、工作鞋和运动服装。由于这一举措，耐克公司的销售额当年就猛增50％，纯利几乎增长了一倍。

在广告宣传上耐特极为注意迎合美国人的流行艺术意识。广告既强调体育运动，又具有强烈的煽动性，起着流行时尚的导向作用。耐克公司加强了与体育界颇具影响力的运动员的合作，这些人物均属备受广大青少年崇拜的"好斗型"选手。例如网球名将阿加西，他留胡子，长发蓬乱，将牛仔裤剪短当网球裤，而这种牛仔网球裤也就成了耐克公司的特色产品；还有网球明星麦肯罗，人们老是看到他在网球场上大发脾气，与权威们争吵；黑人球星乔丹是美国青少年心目中的偶像，由他参与设计生产的航空乔丹运动鞋，成了耐克公司获利最多的产品。有了这些大牌体育明星做活广告，耐克运动鞋已不再仅仅是运动鞋，而成了时尚与社会地位的象征物。阔气昂贵的运动鞋成了追求时髦的美国青少年不可或缺的生活用品。耐克公司的产品就像其他流行艺术一样迅即在全美国走俏。耐克鞋店纷纷在各地涌现。为赶时髦，不少人甚至不惜驱车50公里去买耐克鞋。在1980年的莫斯科奥运会上，耐克鞋出尽风头，不少体育名将借助它赢得了金牌，这与4年前形成鲜明的对照。

一向以老大自居的阿迪达斯公司对这股人们争用体育用品的时髦风开始似乎还无动于衷。公司全力推崇的网球明星埃德博格和格拉夫，其品性过于斯文、规矩，不能体现青少年体育爱好者的叛逆意志，吸引不了青少年，产生不了广告效果。

阿迪达斯公司在耐克公司凌厉的攻势面前溃不成军，终于从 20 世纪 80 年代起失去了自己在体育运动用品市场的霸主地位。

耐特作为耐克公司最高负责人，并不因在美国本土上的胜利而满足，他决定发动一场全球性的促销攻势，使该公司在海外占有更大市场。美国、西欧和日本是世界上三大运动鞋市场。扩大战场，从而进一步巩固自己的领先地位。

可是，进军海外市场谈何容易。

他们遇到了更为强大的对手，除了阿迪达斯外，还有在美国运动鞋厂商中排名第二的彪马公司，以及新布兰斯、康伏西和小马等国际著名公司。这些公司早就跨出国门，在海外市场的占有率大大超过耐克公司。它们决不允许自己在海外市场的地位受到耐克的冲击。但耐克自有一套办法。它针对西欧即将出现的跑步热，集中力量打开西欧的高性能跑步鞋市场，取得了极好的效果。为加强在欧洲的推销能力，耐克公司还在英国和奥地利设立了配销站，同时利用它在爱尔兰的装配工厂，就近供货给欧洲大陆市场，避开了经济共同体的高关税壁垒。

在日本，针对该国门户不易打开、传统风俗不易改变，但体育潮流追随美国且比西欧更快的特点，耐克与日方建立了联营公司。1981 年10 月，耐克与日本第六大公司岩井公司合资建成耐克日本公司，股权各半，共同生产和销售运动鞋。就这样，耐克公司产品迅速地打入日本低价运动鞋市场。

随着耐克公司在海外销售额的增加，它又把生产运动鞋的工厂从日本迁到韩国等国以及台湾、香港以及中国这个世界上最大的鞋类市场。

耐克公司发动的全球性销售攻势连连告捷，海外市场所占份额不断扩大。耐克取得的这一连串成功，就连把它视为仇敌的竞争对手也不得不佩服得五体投地。

富于创新的设计、迎合时代的潮流、驾驭流行的趋势，以及高超灵活的推销技巧，是耐克出奇制胜的法宝。时至今日耐克体育用品公司依旧牢牢地占据着运动鞋市场的霸主地位。

////// 商径深解 //////

弱小是一种劣势，但不是绝对的败势，利用弱小的不知名性，可以挑战大对手。

弱小意味着灵活，可以随时调整自己的方向。弱小也意味着竞争面小，不会有枪打出头鸟的危险，也不会背负盛名的负担，弱小更意味着可以逐步强大。

弱小可以挑战强大，但这并不意味着硬碰硬，而是集中自己有限的力量寻机发展自己，抓住对方的弱点下功夫。

很多小商家并不因弱小而丧失信心，反而利用弱小的优势，打败了强大的对手。

## 钱在勇气的背后

渡边正雄是个日本人，他在东京开设了一家小得不能再小的不动产公司——"大都不动产公司"。

某天，有人来向渡边推销土地，说拿须有一块几百万平方米的高原，价钱非常便宜，一平方米只卖60多日元。

这是一块山间的土地，很多从事不动产业者都知道这片土地，但没有一个人对它感兴趣，表示有兴趣的只有渡边一人。

当时的拿须是个人迹罕至的地方，没有道路，也没有水电等公共设施，其价值几乎等于零。但渡边为何对这片土地感兴趣呢？后来，他向世人道出了自己当初的想法："虽然是一片广阔无边的高原，但跟天皇御用地邻接，这会令人感觉到置身在与帝王一样的环境里，能提高身份，能满足自尊心和虚荣心。再说，在这个拥挤的时代，将高原改造成住地的时间一定为期不远。这时候把它买下来，动些脑筋，好好宣传，一定大有赚头。"

不久，渡边不顾一切地拿出全部财产当赌注，又大量举债，把数百万平方米的土地订了下来。

当他订约后，不动产业者们都嘲笑他是一个大傻瓜，说："只有傻瓜才会买那样一片一文不值的山间土地。"

面对别人的嘲笑，渡边毫不理会。付完定金后，他就开始了预定的行动。他把土地细分为道路、公园、农园、建筑用地，又与建筑公司合作，准备先盖200户别墅和大型出租民房。一切准备妥当后，他就开始出卖分段划分的农园用土地和别墅地，以偿还未付的土地款。

由于拿须远离都市的喧嚣，空气清新，景色优美，对那些厌恶都市噪声和污染的人极具吸引力。为了向世人推荐这片土地，渡边展开了大张旗鼓的宣传攻势。

如此，渡边的宣传果然大有收获，东京以及其他都市的人都对此产生了极大兴趣，纷纷前来订购。有的人订购别墅，有的人订购一块果园或菜地。因为不订购别墅也有出租民房可住，因此订购农园、菜地的人多得惊人。

结果，不到一年，渡边就把土地卖出了 4/5，一眨眼就净赚 50 多亿日元。不仅如此，剩下的土地最少也值他当初所付出的土地款的 3 倍之多，而且价格还在不断地上涨。

有人曾说：人生就像是一场赌博，爱拼才会赢。只要意识到商机，从零起步的一拼为时未晚，但若不敢冒风险去做，那机会可绝不会等你。

### 商径深解

作为一个商人，总想着做那些容易的事，避重就轻，对那些困难之事唯恐避之而不及，这样是不会有多大收获的。因为你觉得好做的事，别人也会有同样的感觉，难免趋之若鹜，和一大群人分一张饼所得自然十分有限。而精明的经营者会在艰难的条件中，鼓起勇气，接受逆境的挑战，到新的市场中打拼，谋求利益。

只有有了这种敢打敢拼的勇气，才能抓住藏匿在困难和逆境后的金钱。有的时候，困难越多，环境越险恶，风险越大，反倒越能挣钱。商人要寻找机遇，要探寻商机，就要有知难而上和四处出击的勇气。那些只知道跟在别人身后亦步亦趋的人，永远只能分得一点残羹冷炙。

# 商人要懂得"取巧"制胜

吉诺·鲍洛奇生于美国明尼苏达州一个贫穷的矿工家里。他的童年是在饥饿中度过的。14岁时，鲍洛奇在一家食品店当了一名送货员，半年后，经理很欣赏他的工作态度，就让他当了售货员。

当上售货员之后，鲍洛奇在所有同事中是最棒的一个，每个月卖出的食品总是最多。白天他卖食品，晚上还不厌其烦地清理摊位、打扫卫生。起初，他的劳动所得是一些长了黑点的番茄或其他烂水果，但他工作太出色了，经理觉得过意不去，于是主动将报酬改为现金支付，并且很快由2美元提高到5美元一天。

一次，水果冷藏厂起火，有58箱香蕉被烤得皮上生了许多小黑点。这将是一个不小的损失，于是经理把这些香蕉交给鲍洛奇，让他降价出售，由于香蕉外观不佳，虽然鲍洛奇将其价格降了将近一半，还是无人问津。

该怎么办呢？鲍洛奇又仔细地检查了一遍货，发现香蕉只是皮有点黑，里面的肉一点也没有变质，相反，由于烟熏火烤的缘故，吃起来反倒别有一番风味，这一下，他突发奇想，有了新的创意。次日一大早，鲍洛奇摆上香蕉，大声吆喝起来："快来买呀，最新进口的阿根廷香蕉，南美风味，全城独此一家，大家快来买呀！"经他这么一嚷嚷，很多人被吸引过来，摊前围了一大堆人。

首先，鲍洛奇请一位女士品尝"阿根廷香蕉"，然后请她当众发表意见。女士说："嗯，确实有一种与众不同的香味。"结果，她一下就买了 10 磅。

有了这一位女士带头再加上鲍洛奇的鼓动，58 箱香蕉便以高出市价一倍的价格销售一空。

这件事，让食品店的全体成员对鲍洛奇刮目相看，也让经理看到了鲍洛奇身上的销售天分。于是，很快鲍洛奇便由一名普通售货员提升为食品店的销售部经理。

鲍洛奇的销售方式确实有一套。就一般人看来，"投机取巧"可不是什么好事，那是狡猾奸诈之徒的附属物，而诚实的人向来都实实在在。如果针对生活中的人这话还很有道理，但是如果以此来要求和评判商人，恐怕就行不通了。

### 商径深解

在商言商，经营需要商人的实干，依法经营，不欺诈，不蒙骗，这固然是根本。但是瞬息万变的商情和商机更需要商人的巧干。靠四两拨千斤，凭一个小点子赚大笔的钱，借别人的手推动自己的生意，用别人的口吹捧自己的产品，利用顾客的好奇心来扩大销售，这就是巧干。这就是"取巧"，是造势的技术，是智慧的运用。

"取巧"是商人的聪明和智慧，是商人经营和推销的谋略，动一下脑筋，巧干十分钟赚取的利益可能会超过实干一年的所得。为何有的商人能在短时间内就富起来，无外乎靠巧干，抓住了可遇不可求的机会。特别是初入商海的商人，在资金、人才资源和经营管理上均有不足，在这种情况下，除了实干，还需"投机取巧"，如此才能争取商机，达到事半功倍的效果。

取巧不要忘了从消费者的心理入手，调动顾客的好奇心理往往能够出奇制胜。无论如何，力争让巧干和创意达到"一石激起千层浪"的效果，取巧不要忘了突破传统观念和思维定式，有了好的想法就付诸实施，先下手为强。

# 虚拟世界带来真实财富

1993 年陈天桥从复旦大学提前毕业，同年，他成为整个上海市唯一的"市优秀学生干部标兵"，不但学习优秀，而且社会工作出色。这种提前毕业的机会意味着，仅仅上了三年大学的他同时具备了直升硕士、出国留学、去外企工作等多种好机会。

和他同时获此殊荣的同学们有了出路，但他选择了在幸福中的突围——最终把这些好机会统统放弃了，而是选择留在了上海浦东新区的陆家嘴集团公司。开始他被安排在公关部门，直接由他负责的工作就是放映录像片，让客户了解企业以及企业的产品，这种工作的新鲜感在他的脑际只停留了两天。但他坚持干了十个月。

他把自己的第一份工作当成了迈入社会大学的敲门砖——他利用放映录像的机会接触客户、向客户学习……在寂寞中为自己积累着经验。十个月后，总公司派他到分公司挂职锻炼，担任副总经理，管理 200 多人的一个大摊子。不久，出色的他直接晋升为集团董事长兼总裁的秘书。

在陆家嘴集团公司的四年中,陈天桥学会了"传统行业企业家独立、务实的管理风格",同时比一般人更早地接触到了互联网并迷上了游戏。

1999年一个秋天的午后,26岁的陈天桥和他的几个哥们儿聚集在一间小屋中。就在这个下午,一家名为"上海盛大网络发展有限公司"的新型民营企业诞生了。陈天桥和他的伙伴们选择了"互动娱乐"这样一个没有物流的产业方向。用东拼西凑来的50万元,开始了他们崭新的事业。公司创办了statue.com,以动画、卡通为主,还开出了"天堂归谷"(Home Valley)的虚拟社区(当时这种尝试性的虚拟社区就是日后网络游戏社区的前身)。

当时网络虚拟社区被人们认为是旁门左道,许多人对此并不看好——给人提供一个游戏的场所,这么边缘化的产业,如何赚钱?

最初的几个月,陈天桥和他的团队经历着平淡无味的寂寞。在这种寂寞得让人窒息的环境中公司慢慢发展着,到了有一定规模的时候,陈天桥把公司员工数扩大到50人,分成四个事业部。产品开发、宣传等方面齐头并进。

事实证明,他们的选择是有市场眼光的。这家最早从事专业网络卡通的商业企业,在短短几个月中竟拥有了100万左右的注册用户。正是这些用户和他们的pageview,使"盛大"在2000年1月获得了中华网巨额的风险投资。

"收购价是300万元。不过,是美元!"

接完中华网的电话,陈天桥的脸上绽开了欢笑——50万元投资,几个月换来300万美元,也就是2400多万元人民币! 2000年1月,陈天桥拿到了中华网300万美元的投资,中华网得到的是相当于它总浏览量 30％的 pageview。

2000 年下半年开始，中国网络产业出现了前所未有的萧条，许多网站的经营开始走下坡路。"盛大"却在此期间购买了《黑猫警长》的版权，还办起了卡通杂志，和中央电视台联合举办全国性的卡通比赛，后来又陆续拿到了为奥迪、飘柔等大牌厂商做网上动画广告的单子。尽管如此，投资方中华网对"盛大"的前途看不到多大的希望，多方权衡之后提出撤资。

这对于一个正在成长中的团队而言，无疑是当头一棒。陈天桥的心情一下子变得无比沉重。他把自己关在家中，静静地思考着自己创业一年以来的得失，发现"互动娱乐"这样一个概念太大了。深思熟虑之后，他决定放弃投入期长、回报期也长的网络动画，改换网络游戏的经营。说来也巧，那时刚好有一个叫做 ActozSOFT 的韩国公司来到上海，寻求网络游戏《传奇》运营商，经上海动画协会推荐，双方于 2001 年 6 月 29 日签订授权协议，"盛大"用 30 万美元的入门费和 27％的分成获得运营权。

陈天桥开始正式运营《传奇》。

这时候的"盛大"，正陷入了创业以来的低谷。许多员工借机提出辞职，而公司所持现金只够支撑两个月。但最初和陈天桥一起创业的弟兄们一个都没走，他们对陈天桥的信任一如往常。他们常常加班到深夜，一个个都像上满了发条的机器。

2001 年 11 月底，《传奇》游戏开始收费。

一个月之后，有人开玩笑说，陈天桥出门应该雇人保护了。因为，在这一个月内，《传奇》的投资全部收回，从这时起，陈天桥的个人财富，呈几何级数一样发展起来。短短三年，他积累起高达40亿元的资金。有人开玩笑似的说："捡钱也不如这个速度快！"

////// 商径深解 //////

人人都有好奇之心，自我展示之心。

网络构成的虚拟世界给了我们惊奇，继而也给了人们一个机会，一个在虚拟世界中演绎另类人生的机会。

虚拟世界只是现实世界的一个翻版，它通过用户之间的互动构成一个新的小社会。每一个进入虚拟社会的人都可以在里面选择适合自己的发展之路。这就给了现实社会中一部分人寻求精神寄托的场所和机会。有了市场需求就创造出了卖点。那么厚厚的钞票就会滚滚而来。

# 欲擒故纵谋商道

广州的北京路上，人头攒动，摩肩接踵，好不热闹。就在这条租金不菲的街上，有一家时装店却出奇的冷清，原因是，它的商品价格总要比邻近的几家高出好多：一条鳄鱼牌的西裤，其他店的标价是每条170元，这家商店却是230元；一件Bossina衬衫，别的店是65元一件，这家商店标价是90元一件……什么东西的价格都要比别人贵出一截。有好事者专门考究过它和其他商店同一牌子的商品，发现无论是款式、质地和做工都是一模一样的，而价格确实都比其他几家贵。一顾客问该老板："您的商品都比别人贵那么多，生意又是那样差，您难道不怕要关门？"老板笑容可掬，毫无生气的样子："谢谢您的关心，如果嫌小店的商品贵，那么请您去光顾其他的商店好了。"

就这样过了几年，附近的几家商店红红火火，唯独这家商店依然冷冷清清，却从没有准备关门的意思。老板的风采一点也没有变化，仍然是红光满面，这其中的因由确实令人大惑不解，传说纷纭。什么"老板借店打发无聊的日子"，"用以掩护不法活动"，"也许金屋藏娇混日子"，如此等等，不一而足。老板听了，也不反驳，总是一笑置之。

不过，老板的几个老友却对他佩服得五体投地。原来附近几家商店都是他的，这一家先把价钱抬高了，那就更容易显得其他几家价廉物美；顾客在那里买到商品时就会觉得物超所值，心中就怡然自得；那几家商店自然生意兴隆，也省了许多讨价还价的麻烦。此蚀彼赚，总的来说还是赚了不少。

在这里，商家对消费者实行欲擒故纵的战术，舍小取大。"高价"时装店的"纵"就是为了使同属一家的其他几间店"擒"。

### 商径深解

中国古代的许多兵法谋略在今天的商场上又一次发挥它们的作用，欲擒故纵就是其一。

商人做生意谋的是利，是为了让顾客在消费自己提供的商品同时带来利润。当每个顾客带来的利润有限时，尽可能多争取顾客就显得十分重要。欲擒故纵在争取顾客上效果通常十分明显。是一种有效的谋利手段。

从单一商品获利上来看，商人利用价格对比的差异，让出一部分利润，用低价商品吸引顾客。例如，我们通常看到的打折、大减价、大甩卖等就是此类。

从整体商业利益上看，商人在做生意时牺牲一种商品的利润，从而带来其他商品的收益，例如，预付话费赠手机等。

无论采用什么方法，总之，"纵"出去的是为了更好的"擒"回来。

## 抛砖引玉得来的收获

魏金富原是湖南某中学的教师，但后来随着经商热的掀起，他辞职到沿海发达地区一家公司上班。

一个星期天，魏金富路过一家鱼店。

忽然，他被一对母女的对话吸引了。小女孩想买漂亮可爱的金鱼，但她妈妈不同意，说："你手上已经抱了这么多玩具了，还要花钱？那金鱼才几块钱一条，不买啦！"但小女孩没有听妈妈的话，站在鱼缸前不肯走，母亲只好硬拉，最后小女孩哭哭啼啼地走开了。

对一般人而言，这一件事没有什么大不了的，但魏金富却感到其中有什么东西触动了他，对于一个时刻寻找机会的人，他不会轻易放弃任何一个信息，对于一个商人来说，他总想从中发现商机。这位妈妈和女孩的对话启动了他的灵感之门,魏金富认为他已经发现了商机。

他突发奇想:小孩手里抱着那么多玩具,却还要金鱼,说明在小孩子眼里,根本不知道近百元的玩具和几块钱的金鱼谁贵谁便宜,只知道金鱼漂亮可爱。小孩子的消费观念具有不稳定性,今天想要这个,明天想要那个,如果能抓住这个不稳定趋向的时机就容易赚钱。何不用免费赠送金鱼的办法来推销更贵的商品呢?金鱼可以用来推销食品、服装、书籍等,难道不能用来成为游戏赢者的奖品吗?金鱼可爱,蝴蝶不可爱吗?萤火虫不可爱吗?这些东西价格便宜,但漂亮,很能吸引小孩,都可用来帮助推销,还可以用小东西来吸引大众,还可以倒过来用大东西帮忙推销小东西,用畅销品带着卖出滞销品……

这个突发奇想的妙招着实让魏金富浮想联翩,思考万千,激动不已。他决定立马付诸行动。

很快地,魏金富把工作辞了,然后向身边的朋友借了10万元,租了个小门面,买了一些打折的玩具和服装摆在小店的货柜上,同时他又来到深圳海产世界中心,联系了2000条小金鱼放在刚买来的大鱼缸里,另外,他印了许多海报,张贴在各大街小巷。就这样,他的战幕全面拉开了。

果然,在小店开业的那天,生意出奇的好。众多海报吸引着孩子们拉着父母到"免费赠金鱼"的魏金富商品店买东西。不出三个月,魏金富就收回了所有成本。随着生意越来越火,半年后,他又开了几家分店。

如今,魏金富的商店已达20余家,年收入达数百万。

"需求"是永远存在的，但如果把两种"需求"捆绑在一起，以一个为"饵"，以另一个为实际目的，将会开辟更大的利润空间。

"抛砖引玉"的本意是：抛出去的是"砖,"而引回来的是"玉"，此计主要利用人性中的贪婪。

实际上，在商业竞争中，"抛砖引玉"可以在很多方面应用。如今企业在商品推销活动中投入广告费用，产品开发活动中投入科研费用和试生产费用，招揽人才过程中出示的福利待遇等等，无不收到抛砖引玉之功效。

像"有奖销售、让利酬宾"也是对"抛砖引玉"的具体运用。通过实践证明，"让利销售"也是行之有效、有利可图的。毕竟通过"让利销售"可以让顾客觉得自己能得利，从而积极消费。企业虽然让出了一部分利，但招揽来的生意却远远超过让出的那一部分，随之而来的是营业额成倍增长、资金流通加快，企业的知名度提高。

在商业竞争极为激烈的今天，经营者要想获得成功，除了及时地把握商机之外，还必须有敏锐的洞察力和独辟蹊径的奇想。

抛砖引玉仅是方法的一种。

# 变不可能为可能

美国实业界巨子华诺密克参加了在芝加哥一年一度举行的美国商品

展览会，不幸的是他被分配到一个极偏僻的角落，所有人都知道这个地方是很少有游客过往的。因此，替他设计展位的装饰工程师萨孟逊劝他索性放弃这个展位，等待来年再来参展。

华诺密克说："萨孟逊先生，你认为是机会来找你，还是由你自己去创造呢？"萨孟逊先生回答："当然是由自己去创造了，任何机会也决不会从天而降！"华诺密克愉快地说："现在，摆在我们面前的难题，就是促使我们创造机会的动力。萨孟逊先生，多谢你这样关怀我。但我希望你将关怀我的热情用到设计工作上去，为我设计一个美观而富于东方色彩的展位！"

萨孟逊先生果然不负所托，为他设计了一个古阿拉伯宫殿式的展位，展位前面的大路，变成一个人工做成的大沙漠，使人们走到这展位前面，就仿佛置身阿拉伯一样。

华诺密克对这个设计十分满意。他吩咐总务主任让最近雇用的那254个男女职员，全部穿上阿拉伯国家的服饰，特别是那些女职员，都要用黑纱把面孔下截遮盖着，只露出两只眼睛。并且特地派人到阿拉伯买了6只双峰骆驼来作运输货物之用。他还派人去做了一大批气球，准备在展览会上使用。但这是一项秘密任务，在展览会开幕之前不许任何人宣扬出去！

对于华诺密克先生那个阿拉伯式的展位设计，已引起参加展览会的商人们的兴趣，不少报纸和电台的记者都争先报道。这些免费的"广告式"报道，引起大多数市民的注意。

等到开幕时，人们早已怀着好奇心准备参观华诺密克那个阿拉伯式的展位了。突然，展览会内飞起了无数色彩缤纷的气球。这些气球都是经过特殊设计的，在升空不久，便自动爆破，变成一片片胶片撒下来。有些人拾到这些胶片，就看到上面印着一行很美观的小字，上面写着："当你们拾到这小小的胶片时，亲爱的女士和先生，就是你们的好运气开始了，我们衷心祝贺你，请你们拿着这胶片到华诺密克的阿拉伯式展位去，换取一件阿拉伯式的纪念品。谢谢你！"

受这消息的刺激，人们纷纷挤到华诺密克的展位去，反而忘却了那些开设在大路旁边的摊位。

第二天，芝加哥城里又升起了不少华诺密克的气球，引起很多市民的注意。45 天后，展览会结束了。华诺密克先生做成了二千多宗买卖，其中有五百多宗是超过 100 万美元的大买卖。他的展位也成了全展览会中游客最多的！

### ///// 商径深解 /////

在财富的落点越来越难找的今天，转换角度，以独到创意找到新的落点不失为明智之举。方法有的是，只看你会不会用。做事不讲方法自然很难成功。

机会不是等来的。有很多时候，我们面临的是不可能完成的任务，或是一种必然失败的结局。这时我们有两种选择：一是放弃；二是变不可能为可能，转换逆境把事做好。若选择后者就要注意方法。原有的路行不通就发挥创意另辟一条新路。

当然，创造新意来变不可能为可能并非易事，不仅要新颖，还要奇异，要对人们形成不可抗拒的吸引力才行。需要克服重重困难才有望成功。

# 敢于开创先河

美国乡下一个小火车站，有个叫理查德·西尔斯的工作人员，曾经为了一点小生意被人追打过，深深体会到了生存的艰难，当他步入商界以后，更是觉得如履薄冰，往往是蚀本而归，令他不胜烦恼。

有一次，西尔斯到田纳西州采购一批珍珠，碰到几位到镇上的小店买荧光灯的农民。店主搜寻了半天货仓，还是没找到这类商品。这件小事触动了西尔斯一直想发财的那根神经，于是他突发奇想，只觉得一个大好的商机向他扑面而来：美国的乡村都是远离城市的，乡下人想要买一件东西，就要花许多时间翻山越岭来城市。我要是向他们提供一种中介性质的服务，他们购物就要比以前省事多了。如此一来，我也就可以获得一笔不小的中介费。

想到了就马上去做。西尔斯从铁路运输部门到公司，从邮政部门到信息部门都做了一番调查，得出的结论是：各种时髦、先进的产品最先在城市使用，散居在各地的农民也会逐步选购，如果能利用中介服务提前引导农民的消费，不仅会使供需双方受益，中介机构也有利可图。不久，西尔斯整理出了第一本邮购目录册。这本小册子成了西尔斯发大财的起点。

刚开始，西尔斯手头的货较少，小册子上打印的商品只有几种，但还是引来了不少农民购买，这对西尔斯是个极大的鼓励。

接下来西尔斯继续对农村市场的情况进行调查，对各种工业产品的生产过程做了许多分析，得知有些生活用品上市的时间不够快，主要是流通不畅，信息不灵。为此，西尔斯印发了大量的邮购商品目录（达100 页纸之多），上面直接印着农民兄弟需要的那类商品的出厂价格，末尾还打着这样的字眼："保证质量，如有质量问题可以退换。"

实践证明，西尔斯这一招是切实可行、有利可图的。没过多久，许多乡村寄来了汇款单，直接买出厂价的产品。

业务扩大后，服务的效率便成了首要问题：如果不能保证及时地按邮购人的要求送去商品，购物中介机构将失去生意。西尔斯看到了大生意降临的兆头，于是借巨款成立了一个速递邮购商品的公司，这个公司像无线电插接件生产线一样实行流水作业和标准化生产，成本低、效率高、投递及时。

慢慢地，良好的服务使西尔斯的邮购生意范围拓展到了全美国，西尔斯也因此成为巨富。

### 商径深解

俗话说：想要获得别人不能获得的成功，就要想在别人的前面，并敢于做别人从未做过的事。不可否认，其他人做过的生意也可能发财，但做别人从未做过的生意无疑要容易得多，因为作为开创者，起初根本就没有竞争对手。当然，想要从某一种别人从来没做过的生意中获取巨大的利润，还必须分析这一生意的可行性，毕竟创新也要遵循一定的规则。

可以这样说：创新是走向成功的一条捷径，做生意也是一样。我们不能老跟在别人的屁股后面，做别人正在做的买卖，那样是很难干出大的成绩的。我们应该多思考，勤动手，寻找一些别人没有发现的商机，开创别人没有踏入的生意领域。另外，要是觉得可以获得成功，就应马上行动，因为要是被别人抢占了先机，自己就会显得有些被动。创新是最令人激动的一面，创新成功的商人不仅可以饮得"头啖汤"，获取最初的丰厚利润。而且，将开创一个全新的领域，使社会生活更加多姿多彩。

世上只有想不通的人，没有走不通的路。我们只要动脑筋去想，付出努力，也能开创一些行业的先河，步入成功的殿堂。

# 汇小流成大江河

在世界金融业界，"美洲银行"可谓是鼎鼎有名的一家私营商业银行。它原是个只有 15 万美元资本的小银行，但在 40 年后，便一跃成为世界大银行。1977 年，这家银行的资产总额达 819.90 亿美元，不仅是全美国第一，而且也是全世界第一的大银行。

美洲银行的创始人名叫马杜·基安尼尼（1870～1949）。他是意大利移民的后裔。由于家庭生活的贫困，他从小就幻想着有朝一日要成为富翁。他干过不少工作，但总感到不满意。进入青年时代，他很想干一番事业，但因手头拮据，愿望无法实现。后来，他进入哥伦比亚储蓄工会工作，曾积蓄了一笔钱。但他对银行不给小额存款开户深为不满，曾慷慨陈词地对董事会员说："任何人都有了解银行业务的权利、银行本身的义务，但本工会却没有做到上述两点，没能够为广大民众服务，基于这点，我要另外去开办一个为大众服务的银行！"会员们对于他的慷慨陈词，毫不理睬。于是，他愤然离开了这个工会，经过一番筹备，先后向几位志同道合的人募集了15万美元，于1904年10月，在旧金山开设了一家银行，取名叫"意大利银行"。这年，他才34岁。

基安尼尼在创办银行之初，有一个与众不同的宗旨。他在银行成立的开幕词中曾说："本银行的宗旨是为平民服务，欢迎平民来存款，希望他们将来利用自己聚沙成丘的存款兴办中小型企业而致富！"因此，该银行打着这种旗号以经营小额存放款为重点，营业对象包括移民、少数民族、农民、小商人、职工等广大中下阶层的居民。有人讥称他的银行开办的是"小业务"，但他却乐于此道。在他看来，这种"小业务"的对象，范围广泛，将会有更大前途。

在当时的旧金山，其他的一些银行都规定开户的最低额为100美元。而基安尼尼却决定接受25美元的储户。由于他采取这一措施，使许多原先没有资格到银行存款的人，都可以到基安尼尼的银行里来开户头了。事实上，这种小额存款的人为数很广。

不久，基安尼尼又别出心裁，把儿童列为"银行的朋友"，特地增设了"学童储蓄部"，鼓励和吸收小学生储存零用钱。从1911年到1921年间，仅"学童储蓄部"就突破了70万美元，这使其他银行家大为惊讶。基安尼尼的这种"海不择细流"的"低点"经营法，使银行业务得到迅速发展。

与此同时，基安尼尼对比较分散的行业如菜农、果农、棉农、葡萄种植业等农民和酿酒业、运输业、打包商等小商人，实行放款。他组织人员向广大农民大做宣传，以其如簧之舌，大讲特讲农业机械化的好处，鼓动农民进行多购买以致经商。这样一来，农民需要资金，自然到他的银行里借贷。同时，他还开展对消费者分期付款购货的业务。而他的银行通过收取利息，像滚雪球一样地越滚越多，越滚越大了。

基安尼尼还首创了分行制度。在向农民放款中，基安尼尼发现，有的地区因农作物的收获期过长，常常不能及时收回贷款及利息，致使资金周转发生困难。于是他采取分行制，即在各个主要地区设立分行，使各地区的分行进行互相纵横的支援，以弥补资金周转的不足。这种在各地区设立分行的做法，很快引起其他银行的仿效，不久便推行到世界各地。

1929 年，当他把"意大利银行"改名为"美洲银行"后，又逐渐把触角伸向海外。他不但在美国国内各地设立了许多分行，而且逐步在世界各地设立分行或代理机构。到 1930 年，"美洲银行"已成为美国西部地区的最大银行，并爬上了美国第三家大银行的高位。经过第二次世界大战以后，美洲银行的资产猛增至 50.4 亿美元，拥有的存款达 53 亿多美元，进一步压倒了纽约的大通银行，从而成为全美国最大的银行，也是世界第一的大银行。

1949 年，基安尼尼 79 岁时逝世，他的儿子遵守他的遗嘱，继续坚持他开创的"小业务"。"小业务"也越做越多。1977 年，美洲银行在国内约有 1000 家分行，在国外四十多个国家和地区设有一百多家分行和办事处。基安尼尼家族成了世界金融巨头。

面对对手们的嘲笑，基安尼尼毅然开办了自己的银行并坚持为平民服务的宗旨。世上本没有路，走的人多了，也就成了路；当其他银行都在奉行为有钱人服务的宗旨时，基安尼尼却将自己的服务人群定位为"小额储蓄者"。这种弃大从小的"傻"做法，最终让基安尼尼的银行家之路越走越宽，聚积的财富越来越多。

## ///// 商径深解 /////

以积小成大的方法来做生意，也是一种良策。根据金字塔原理，最底层基座的数量是最大的，也是储量最丰富的深厚矿藏。在商界，低姿态能创造大量财富，这是许多有战略眼光者的共识。

做生意能"低就"本身就是一种大气魄，而且对企业长远发展有利。

首先，顾客是企业经济活动的出发点和归宿，能够争取到较多的客户资源就等于扩大了经营规模。当企业提供的服务得到顾客的支持和信赖时，顾客会对该企业产生一种消费上的依附感，企业将有自己的客户群，并通过他们的宣传为企业争取更多的顾客。

其次，大、小客户的概念是相对的。有时，一个大客户是比十个小客户带来的收益要多，但从另一个角度看，只要能长期合作，这十个小客户中难免有三四个会发展成将来的大客户。

因此，保持低姿态，把做"小生意"放在经营战略中，汇小成大，是成功商人的法宝。

# 第九章
# 以险入径
## ——无限风光在险峰

商场如战场，走出去的每一步都意味着风险和失败，也正是因为这样，那些从困境中拼搏出来的商业英豪才令人肃然起敬。冒险并不意味着蛮干，而是从积极开拓中，从战略转型中，从与时间赛跑中寻找机会。它的价值不仅在于可以把握住机会，其行动本身同样可能创造出产生财富的机会。

# 冒险是打开机遇之门的钥匙

　　格蒂 1893 年出生于美国的加利福尼亚州，父亲是一位商人。他小时候很调皮，被人称为是"顽皮的孩子"。他读书的成绩还算不错，后来进入英国的牛津大学就读。1914 年毕业返回美国后，他最初的意愿是想进入美国外交界，但很快又改变了主意。

　　当时美国石油工业已进入方兴未艾的年代，一种兴致勃勃的创业精神鼓舞着年轻的格蒂到石油界去冒险。他想成为一个独立的石油经营者。于是，他向父亲提出，希望投资给他到外面去闯一闯。

　　但他父亲提出一个条件，投资后所得的利润，格蒂得 30%，他本人得 70%。作为父子之间，这个条件也许太苛刻了。但格蒂爽快地答应了。他有他自己的打算。他向父亲告借了一笔款项之后，便径自走出家门，独自来到俄克拉荷马州，第一次进行他的冒险事业。1916 年春，格蒂领着一支钻探队，来到一个叫马斯科占郡石壁村附近，以 500 美元的代价租借了一块地产，决定在这里试钻油井。工作开始后，他夜以继日地奋战在工地上。经过一个多月的艰苦奋战，终于打出了第一个油井，每天产油 720 桶。格蒂说："我最初的成功，多少是靠运气。"因为他打第一口井就打出油来了，而有许多的石油冒险家曾经倾家荡产都未得到一滴石油。不管怎么样，格蒂从此进入石油界了。就在这年 5 月，他和他父亲合伙成立了"格蒂石油公司"。不过，虽说是合伙，他仍得遵循他父亲原先提出的条件，只能收取这个公司 30％的股益。即使如此，他的腰包里也依然财源滚滚。就在这一年，他就赚取了第一个百万美元，而他当年仅有 23 岁。

创业之初，格蒂很有点不畏艰苦的精神。他穿着油腻的工作服，和钻井工人一起在油田里战斗。他说：这也是他成功的一条经验。他认为，一个公司的负责人能与工人们一起奋斗，结为伙伴，士气必然大涨，成功才会有望。有一次，他发觉自己实在支持不了那种过分的神经紧张，而逃回了简陋的住所，但他连口水都顾不上喝，又跑回了工地。

1919 年，格蒂以更富冒险的精神，转到加利福尼亚州南部，进行他的新的冒险计划。但起初的努力失败了，在这里打的第一口井竟是个干洞，未见滴油。但他不甘失败，在一块还未被别人发现的小田地里取得了租用权，决心继续再钻。然而，这块小田地实在太小了，不过比一间小小的房屋的地板略大一点，而且只有一条狭窄的通路可进入此地，载运物资与设备的卡车根本无法开进去。他采纳了一个工人的建议，决定采用小型钻井设备。他和工人们一起，从老远的地方，把物资和设备一件件扛到这块狭窄的土地上，然后再用手把钻机重新组合起来。办公室就设在泥染灰封的汽车上，奋战了一个多月，终于在这里打出了油。

随后，他移至洛杉矶南郊，进行新的钻探工作。这是一次很大的冒险，因为购买土地、添置设备以及其他准备工作，已花去了大笔资金，如果在这里不成功，那么，他已赚取到的财富将会毁于一旦。他亲自担任钻井监督，每天在钻井台上战斗十几个小时。打进3000米，未见有油。打入4000米，仍未见有油。当打入4350米时，终于打出油来了。不久，又完成了第二口井的钻探工作。这两口油井，就为他赚取了40多万美元的纯利润。这是1925年的事情。

格蒂的冒险一次次地获得成功，促使他去冒更大的险。1927年，他在克利佛同时开四个钻井，又获得成功，收入又增加80万美元。这时，他建立了自己的储油库和炼油厂。1930年他父亲去世时，他个人手头已积攒下数百万美元了。随后的岁月，机遇也常伴格蒂身边。他所买的租田，十之八九都会钻出油来。而且，他的事业也一直顺风满帆，直到成为世界驰名的富豪。

### ///商径深解///

冒险可以说是商人的天性，但同时也是他们取得巨大成功的必要条件。可以说离开冒险，能迅速成为巨富的人几乎不存在。

在今日社会，冒险本身就是竞争的一环，敢不敢冒险不仅是选择也是判断标准。有得到就必须有付出，机遇不会平白给那些凡事讲求稳妥的人，在它们刚降临到商海之中时就被冒险者们先行抢走。

有时候，没有冒险就没有机遇的发现，当然也就谈不上赚钱了。如果说，冒险是命运女神对商人的考验的话，那么机遇就是对通过考验者的奖赏。在商界，这些成功的冒险家为我们在面对挑战自己勇气的时候做出了肯定的回答。

# 冒险也要认对了路

　　1981 年，闻名世界的服装大师皮尔·卡丹做出了一项惊人之举，各大报纸的视角又集中到新的一期卡丹传奇上：他以 150 万美元的价格买下了位于巴黎协和广场附近、皇家路上的马克西姆餐厅。当时的马克西姆已是经营惨淡、举步维艰，不仅濒临破产，而且前景十分的暗淡。对手们终于以为卡丹也有了眼光失神的时候，不少人已经扬扬得意地预言将有一个悲惨结局的诞生。卡丹的决心不可动摇，他请来专家将餐厅装饰一新，恢复了 19 世纪田园史诗般的风格，以希腊神话中女神的形象设计四周的幕墙，一种优雅、安静、舒适的情调在餐厅中荡漾开来。精雕木饰线条自然流畅，古色古香之中却也浮现当代的韵味。不仅环境上了档次，服务也有了新的面貌。他特聘名师精心制作食品，提高招待人员的素质，提高饭店的服务质量，这样一来，"旧貌换新颜"的饭店很快便成为巴黎大名鼎鼎的餐厅，而几年的苦心经营之后，马克西姆餐厅的名气有如汉堡包那样风靡世界，其影响远远超出了巴黎，甚至法国，从而成为卡丹手中的另一张王牌。马克西姆这个名称也成了巴黎餐饮业的金字招牌。

　　"成衣大众化"的思想被卡丹运用在他新兴的餐饮产业中。创造性的被贯彻下去，而高档瑰丽的马克西姆就成了这次冒险行动的第一件试验品：卡丹认为，如果像马克西姆这样的高档餐室只继续做少数人的生意，而不在民众中寻找市场的话，能够生存下去的机会就很少。但如果反其道而行之，改变这种作风，走大众化的道路，业务则会越做越宽，必然大有前途，马克西姆这样的金字招牌才会焕发出新的生机与活力。于是，他首先就将巴黎的马克西姆餐厅，从只对少数人开放的高级餐室，变为大众化、平民化的人人都乐意光顾的快餐店。这种整形改变的冒险风格在不久的将来又一次被证明是聪明而富有远见的选择。

大规模的经济衰退很快在法国上演。失业人数每一天的指标都在创新，社会消费水平的下降和人均购买力的降低使那些坚持俱乐部式的高级餐厅业主们，不可避免地陷入了困境。每天只能在晚餐时间勉强经营，而早餐和午餐却生意清淡，门庭冷落。幸运的马克西姆则因"大众化"的选择保证了就餐人数，依旧生意兴隆，并且反而在危机中逐步壮大，将餐厅开出了法国，迎来了全球经营、遍及世界各大城市的意想不到的成功：

从服装到餐饮，卡丹在他不熟悉的领域开始了新的征程，"无人敢为我偏为"再一次成就了卡丹新的梦想，然而，这梦还不仅仅于此，所以，冒险的精神以另一种方式悄然继续。经典的饭店理论往往都强调"特色就是文化，风格就是生命"，而卡丹这一次的逆其道而行之却让我们明白另一个道理：冒险家的字典里，绝没有规则这样的字眼。当短视的人们仍迷失在规则的混沌中时，你跳了出来，利用规则，而不被规则所束缚，毫无疑问，你将是不争的胜利者。

时装业和饮食业的成功，卡丹帝国的两大商业支柱从此树立了起来，皮尔·卡丹终于实现了自己的诺言："执法兰西文明的两大牛角（时装、烹调），面向全世界！"

俗话说战略上出现问题，战术越卓越就离成功越远。皮尔·卡丹在战略上选择正确了，冒险转型认对了路，因此他即使不懂餐饮，也能把这一行做好。

///// **商径深解** /////

当一个企业经营出现困难时，一般分为内部原因和外部原因。

一件产品完成了它的历史使命，虽不情愿但又不得不退出历史舞台的时候，对于生产它的企业来说，只有无奈地选择限产或停产，这就是外因造成的。如果选择停产的话，企业要是想继续生存下去，就必须转而生产别的畅销的产品，但前方漆黑一片，贸然迈步就可能坠入深渊，这就存在一个冒险选择认对路的问题。

企业转型从投入资金更新设备到训练员工，以至新产品营销都是一个大范围的调整。转产后的产品销路好则前途一片光明，新产品卖不出去，甚至面临新一轮淘汰，企业则会因此面临困境。

任何一个企业的转型都是一场冒险，其中关键就是认对路，只要方向正确，即便一时打不开局面，市场最终还是你的。

# 在与时间赛跑中求财富

赵君辞掉教师工作，借 300 元钱与另一位同学闯荡北京，在某公司做推销员。一年后，他挣了 5 万元。

但他没有满足，他在寻找着机会。有一天，他办事路过前门，在一座三层楼前，被一则招租启事吸引了，启事上说：产权拥有者欲将这幢破旧的三层楼出租，年租金40万，租金一次性交清。前门是北京最繁华、客流量最大的地段之一。在这地段拥有一爿店，就意味着拥有一棵摇钱树。赵君看中了这栋楼，但被它昂贵的租金、苛刻的付款方式难住了。此时，他的5万元钱只是年租金的1/8。借，来北京才一年，举目无亲，也无有钱的朋友，何处可借？贷，能贷到款，还来北京闯天下？

首先，他找到房主，把5万元钱交给房主作为定金租下了这座空楼。他与房主签订协议，协议规定：45天内，赵君把年租金40万交齐，若45天拿不出租金，房主没收定金，房子另租他人。

租房协议签订后，他找到一家装饰公司，凭着租房协议，他与装饰公司签订装修协议。协议规定装修公司在25天内按赵君的设计思路把房子装修一新，45天后，付装修费。接着，他凭着租房协议和装修协议，与5家商场签订赊销协议，又以赊账的方式购置了地毯、桌椅、厨房用具、卡拉OK设备等，其价值和装修费用达70万元。装修后的楼房，很显气派，在周围楼群的衬托下，很有些鹤立鸡群的味道。与此同时，赵君四处张贴招租广告，在不到20天的时间，有20多位有意者前来洽谈，最终，他以140万的价格转租出去。这样，他还清欠款后净赚30万元。他收到140万租金时，离他交房主租金的时间，仅仅只有3天，如果再过二天，没有交房主租金，则前功尽弃，赔了辛辛苦苦挣来的5万元还不算，还要欠70万元债务，这是险招，稍有不慎，则全军覆没。

机会与风险如影相随，成功的商人总能正确估量风险的代价，做出最佳的决策。在很多种情况下，在大多数人眼里会冒很大风险的一个商机，在一个商人面前却是包赚无赔的。

在现代这个知识经济逐渐占统治地位的社会里，冒险是一些商人乐此不疲的活动。与以往那种冒险的商人相比，他们对时间的把握令人叫绝，用扣人心弦来形容毫不为过。

在商业活动中，花有限的时间，不多一步也不少一步，从一个"快"字上寻觅财富，就在最后一刻到来的前一步抽身上岸，通过与时间赛跑的冒险活动来获取财富的商人不在少数。

人们乐于安于现状，是因为他们对改变有所畏惧，对未来的不确定因素没有胜算。但是不能否认，有没有胜算得到冒险后才能知道，所谓胜算总在风险后，关注有用信息，抓住时间空当，冒险赌明天换回的就是财富。

人们通常把商界的骄子们看成机遇特别垂青的幸运儿，否则不会在时间上捏得那么准。但是有几个人知道，他们的成就都是用自己的身家性命冒险赌回来的。

# 先判断形势后冒险谋利

小学时，美国人亚默尔因打架而停学。

17 岁，他到西部加州淘金，却突然心血来潮，做起了卖清水的生意。

不久，他又到密耳瓦基城做制肥皂的生意，但一把无名大火，把他的厂房烧为灰烬。他只好转移到圣路易斯城经营皮货生意，但收获不大。

两年后，他又重新杀回密耳瓦基城，做起了腌肉生意，这时，他才真正找到了自己的位置。

要有获胜的希望才行动刚开始时，他买下一个谷仓做工厂，除了制腌肉之外，他还开始考虑包装问题。因为他从一开始就发觉，腌肉的销售是不太受时间、空间限制的。如果能在包装上动动脑筋，就可以送到很远的地方去卖。

由于这一构想，他实施了一项长远的计划，不到几年的时间，就赚了几百万美元。

当时正是美国南北战争接近尾声的阶段，腌肉的价格很昂贵，但亚默尔知道这是临时现象，战争一旦结束，腌肉价格很快就会大跌。

他看准了这一步之后，一面注意战争的发展，一面用电报与东部的猪肉供应商保持密切联系，就在李将军宣布投降的前几天，他与各地批发商订下了一个"卖空"的合同。

"卖空"是个很冒险的交易措施，其意思就是：约定一个将来的交货日期，以低于现在市价多少的价格交货，如果将来跌价，当然有很大好处，但万一不跌价，就要赔惨了。

以当时的情形来说，亚默尔签这个合约的风险是很大的，因为他的命运决定于南军投降的时间，投降得愈早，对他愈有利，如果拖上一年半载的话，亚默尔的"卖空"计划就无异于自杀。

因此，有位朋友对他签约几天之后南军就投降的事，抱着怀疑的态度，认为他一定是得到了可靠的情报，知道南军在哪一天要投降。

亚默尔对于这一说法很开心，"我当然是得到了可靠的情报才采取行动的，但这一情报，不是任何人提供给我的，而是我在新闻报道中找到的。"

亚默尔拿出一张旧报纸给他朋友，并指着上面的一则新闻说："我就是根据这一则新闻而决定'卖空'的。"

他朋友接过报纸，上面写着，一个叫艾弗森的神父，在李将军营区里碰到几个小孩，手里拿着很多钱，他们问艾弗森神父在什么地方可以买到面包和巧克力，他们说已经有两天没有吃到面包了。神父问他们的父亲呢？小孩子们说，父亲在李将军部下当兵，有个小孩说，他父亲还是个很大的官。

"那你怎么不向你父亲去要吃的东西？"神父问。

"爸爸也有好几天没吃到面包了，"一个小孩撅着嘴说，"他带回些马肉来，好难吃啊！"

"南军缺吃的东西是大家都知道的事，但穷到这种程度却是外人所不知的。"亚默尔解释说，"而且这件事发生在李将军的大本营里，我知道战争马上就要结束了，所以我才敢签'卖空'的合约。"

这次的"卖空"生意，亚默尔赚进一百多万美元，为他一生的事业奠定下了良好的基础。不到两年时间，他从德州到堪萨斯城开设了好几个分公司，都是由他自己和亲兄弟们负责管理。

从亚默尔大签"卖空"合同的冒险行为中我们可以看出，他的依据就是南方军队的困窘。

//// 商径深解 ////

人们常常说某个商人有胆量，敢在关键的时刻大胆行动，靠冒险积下了巨额财富。

但实际上，这些商人的冒险往往是有根据的，那就是来自于对已有的信息客观地判断，从中敏锐地抓住关键点，预测未来市场的走向。

凡事一般都有规律可循，市场虽然变幻莫测，但摆脱不了因果关系的影响。在我们身边发生的许多小事，有时间接地告诉了我们日后将要巨变的形势，有的人只看到事件本身，有的人却从中看到了商机。这就是成功商人为何敢冒险的原因，他们在冒险前已从别的事物中看到了大势的所在，知道自己所选方向的正确。

精明的商人总能捕捉到各种有效的情报，并能因时而动、因势而动、因变而治。虽冒险而为却风险极小，一心将致富进行到底。

## 洞悉时局是大胆决策的前提

1928 年 9 月 25 日，高尔文的摩托罗拉制造公司在芝加哥哈里森街847 号一座大楼里的一小部分房子里诞生了。

1936 年，高尔文预感第二次世界大战将要爆发。于是，在没有来自军队的任何合同下，他就命令手下人全力开发一种轻型的、便于携带的收发无线电话。

三个月后，高尔文的下属带着三台这样的机器飞到乔治亚州的本宁堡，向正在那里演习的军队展示这些新产品，并签订了向军队发送少量的这种机器的合同。

1940年，罗斯福总统就职时看到了被警察和情报人员使用的这种手持无线电话机，罗斯福当即给当时的伞兵军官写了一封信推荐这种产品。高尔文再次组织了一次实地演习，从而使这一产品的特性立刻得到认可。摩托罗拉公司收到一些重要的合同，并于1941年7月投入满负荷生产，从而获得了滚滚财源。

收发两用军用手持无线电话机，在整个"二战"中，世界各地的每个战场上都可以看到它的活动，近4万台这种无线电话机为人们提供各种通信服务。在当时，居然有这么大的生产量，高尔文的摩托罗拉公司可谓创造了现代电子工程上的一个奇迹。

1944年6月，高尔文及一些工业界领袖和战时生产局的官员们一起制定一项计划。他认为在对德战争结束以后，必须弄清楚的是，战时生产局的法令如何予以改变，这一计划必须允许转入军事用途的工业重新进入民用生产。尽管摩托罗拉仍在为对日作战的部队生产军用对讲机，但高尔文已敏锐地感到，企业在战争结束以后必须面对消费者对收音机的巨大需求。他不无幽默地警告下属说："我害怕的是，那些浩浩荡荡进入我们企业捞钱的人，将在痛苦的体验中知道，这绝不是懦夫待的地方。"

在战争快要结束的最后一年半时间里，摩托罗拉军事技术的重点已从无线电通信转到雷达，公司战前科技原理的改进及雷达新技术的发展，使摩托罗拉进入战后市场时，技术水平处于坚固的领先地位。公司虽然走出战争，但仍是一个饥饿的公司。战前公司的形象完全建立在高档的汽车收音机上，而今则从事家用收音机的生产。为了扩大经营范围，摩托罗拉又增加了电唱机的生产，并希望在电视机的设计与制造上开创新局面，同时还热衷于以汽油为燃料的汽车加热器。

后来，汽车加热器被证明是一个成本昂贵和无法挽救的错误，它根本不能运转。

如果汽车加热器是摩托罗拉公司的一个灾祸的话，那么电视机的研制与经营则就是一出喜剧了。当小型精品 VT—71 型电视以上等货出现时，高尔文已胸有成竹了，他认识到在未来电视机的竞争中，经销商唱主角的时代到来了，必须在一开始时做出迅速的突破。他把管理人员召集到一块儿，宣称摩托罗拉要在电视机生产的第一年，售出 10 万台。

出席会议的人几乎为高尔文的"口出狂言"而目瞪口呆了。他们认为电视机厂绝对不可能达到一年 10 万台的生产能力。

最初，人们对 VT-71 型电视机的反应是既惊讶又勉强的称赞。经销商中的大多数人被来自顾客的一次次热情的报告所激动，就像推销人大吹大擂时所引起的激动一样，他们认识到这种电视机将占领很大的市场份额。事实证明高尔文是如此正确，仅仅几个月内，摩托罗拉在电视机的生产企业中，跃居第四位。

高尔文与众不同的才能表现在他有惊人的洞察全局的能力，由于这种能力，使他赢得了市场，抓住了机遇。

///// 商径深解 /////

同样是冒险，为什么有的人成功，而大部分人遭遇只是失败呢？

在决定冒险而大胆决策时，洞悉时局是前提条件。

洞悉时局的人能够看到未来发展的大方向，从而据此推断出市场的走向，然后采取相应的冒险措施。

他们的所作所为在当时的人们看来是冒险。实际上，只是顺应时代潮流的先行一步而已。

冒险在某种意义上意味着对机遇的辨别和攫取。而对形势的分析预测有助于做出正确的决策。


## 突破事业的冰封期


图德被邀请去参加了他内兄罗伯特·加德纳举办的一次酒会。在那儿，他和他的兄弟威廉半开玩笑地设想了以附近的弗雷什庞德为中心，将冰运到南部各港口的可能性。在这些港口，冰肯定都能卖上高价。接着，他同威廉又进行了几次相关的讨论，就技术和市场进行了广泛的调查，并据此拟定出了一个计划。

1805年底，图德给堂兄写了一封信，大致叙述了他的想法，以及他打算为此做些什么。威廉和另一个堂兄弟很快去马丁尼克岛争取在那里的市场上销售冰的专卖权，而后，他们在加勒比群岛上也实现了这样的目标。"毫无疑问，把冰带到热带的想法会使你感到震惊和惊讶，"他在信中写道，"但是当你考虑到我说的这些情况时，我想你就不会再怀疑此事的可行性，并接受我即将向你提出的建议。"

图德自己也记了一本《冰窖日记》，记录了他关于运冰售冰的想法和这个项目的进展情况。在这本日记的字里行间，展现出了一个仔细考虑了风险并努力把风险减少到最低限度的冒险家的形象。图德力图取得专卖冰的市场，因为卖这种容易融化的商品，难以同别人竞争。如果在尚未找到合适的隔热材料的情况下，冰一运到，就必须尽快售出，否则必然是血本无归的局面。他还认识到，在从未使用过冰的人当中，如果不加以宣传，冰不可能自动推广。图德还努力寻求改进取冰的方法，这样不仅可以降低成本，也可以提高质量，配合销售中的宣传和推广。

在得到了一位堂兄的个人协助和财政支持的情况下，图德投资 1 万美元，把 130 吨冰送往马丁尼克岛。波士顿的一家报纸特别为此进行了报道："这不是儿戏，一艘装满冰块的货船已办好了出港的手续驶往马丁尼克岛。我们希望这不会是一宗不可靠的投机买卖。"不久以后，图德的冰船安然驶进了马丁尼克的港口，他试图向那些也许从未见过冰的未来的顾客们说明怎样使用冰，因此运来了足足 130 吨。对他来说想方设法开拓这里的市场是最重要的。那些外籍居民看到冰时非常的惊奇。经营蒂沃利公园的人甚至还坚持说，在这个国家里做不成冰激凌，不等他把冰拿回家，这冰就会全部融化了。为了回答他的问题，图德劝他订购了 40 磅冰并答应第二天上午就在那个人的家里做冰激凌。果然冰激凌制成了。图德决心全力以赴地使这些人确信，他们不仅能够获得冰块，而且还能像别的任何地方一样，在本地生产出冰激凌这种美味的食品。这位经营蒂沃利公园的小老板第一个晚上就卖掉了 300 美元的冰激凌，此后，他开始了不断地订货。

就这样，图德得到了一些成就和鼓励，但还不足以盈利。在 6 周之内，有的货逐渐地融化了，图德付出努力所得到的一切却是 4000 美元的损失。图德并没有因此气馁，又驶向了古巴。图德并不走运，国际上的事变又使他遭受了挫折。1807 年，欧战正在进行，杰弗逊总统企图保持美国的中立地位，下令实行禁运，这使图德的计划遭到了挫折，无奈之下他返回了波士顿。"祸不单行，福无双至"，恰恰在这时他却得知他引为骄傲的父亲破产的消息。

图德无力偿还债务，险些进了债务人的监狱。后便隐居在自家的农庄，直至禁运结束。战争结束后，他执着地又去寻找市场。这一次他不仅在加勒比海，而且还在南部各州寻找市场。他告诉大夫们如何敷用冰袋以减轻病人的痛苦。他以同热饮相同的价格出售冷饮，使人们习惯于冷饮的感觉。他经常想到总有一天美国人会习惯于喝冷饮的，带冰的冷饮售价一磅 10 美分，假如 16 杯冷饮合一加仑的话，那么每杯只不过需要花半美分的冷却费，图德打算和一位最有名的酒店主一起搞一种大罐子，并供给他一年的冰。

从沉浮中醒来的图德终于在 19 世纪 20 年代中期得到了成功。在此期间，每年约有 3000 吨冰用船从波士顿运出，其中 2/3 的冰是属于图德的商船。

/// 商径深解 ///

商人做生意很难一帆风顺，当遇到困难时如果一味地蛮干，不停地对困难发起进攻，而不想一些有效的办法，不会把握机会，在该坚持的地方不坚持的话，那么要想扫平生意路上的困难，就像想要吸干海水一样不可能。

只有必然的失败，没有偶然的成功。有冒风险的胆量也应有善分析的头脑，在从商的过程中来点灵巧，来点坚持，加些把握，将这些"偶然"服务于"成功"这个必然，那么，突破事业的冰封期也就不是很难了。

# 逆流而上冒险前进

有胆有识，时刻坚守着信誉，遇到困难逆流而上，才能把生意做好，把企业做大。

世界上最大的船舶制造商之一是韩国现代企业集团。这家大集团的主人是一名赫赫有名的大富豪，也是世界上知名度颇高的一位大财阀，他就是郑周永。

郑周永创业至今，已使得"现代集团"拥有29家子公司，且分布在海内外，据推测，他个人的资产总额已超过50亿美元。他是如何积累起这巨大财富的呢？

创业之初，他进军建筑行业，通过各种关系以及自己的活动，终于在 1953 年，一座大桥的修建工程被承包下来。为了能顺利完工，他巧思善虑，设计工程方案。然而，"人算不如天算，天有不测风云"，时间不长，修建大桥的各种费用陡然上涨。按当时的物价计算，所需工程费总额竟比签约承包时高出了 7 倍。在这危急存亡之际，友人劝告：必须马上停工，以免再受损失。

然而，郑周永的决定大大出人意料：为了信誉，宁愿赔本。就是破了产也在所不惜，必须按期完工。结果，可想而知，工程按时完工，交付使用，可是却使得郑周永差点垮台。但是，自然而然地也给他带来了另一个好的方面，那就是他的讲信誉的名气一夜之间传遍天下，尽人皆知。

这样一来，虽然这一次郑周永损失惨重，但得来了信誉之后，他很顺利地承包了大批生意，终于能够起死回生。不久，韩国四大建设项目被承包，开价 3.7 亿美元，而且还承建了汉江大桥第一、二、三期工程，赚取了大量的美元，从而在同行业中独领风骚，无人能敌。

发家后的郑周永并未就此止步，而是继续秉持这种"舍不得孩子套不着狼"的精神，冒险前进。

郑周永称霸了国内建筑市场后，决定开拓海外市场。1965 年，郑周永首次承包了泰国的一条高速公路，尔后相继在关岛、越南、新几内亚、巴西等国家承建了大批工程，并且都大获全胜。从此，就揭开了进军世界的序幕，而且一发而不可收，利润大增。

在竞争中，郑周永表现出非凡的魄力。最惊心动魄的一幕是郑周永承建的沙特阿拉伯的杜拜海湾工程。这项工程之艰巨是难以想象的、这项工程包括岩岸边、防波墙、道路、停泊设施、码头工程以及海上输油总站。建成这个总站预算总投资达 15 亿美元，工程浩大，世界上罕见，仅是它的底部工程就总共需沉箱 89 座，每个沉箱相当于一座 20 层楼房的体积。这些沉箱必须用韩国境内大量廉价设备和建材浇铸出来。而且，这些庞然大物还得漂洋过海，经过台风频繁的台湾海峡和菲律宾海域，往返一次需 35 天，可以说是路途遥远，大有风险。这项工程是否能承建关系着郑周永的前途命运，怎么办？

魄力惊人的郑周永经过冷静思考，决定大干一场。经过与其他实力雄厚的建筑公司的激烈角逐，郑周永终于以 9.3 亿美元的"倾销价格"承包了杜拜海湾工程，令世人刮目相看。在承包下来之后，困难依旧重重，甚至有人预言：郑周永这次要彻底垮在沙漠里了。韩国的企业家杂志纷纷刊出这样的文章：《沙海折戟，现代集团前途堪忧》，《郑周永再出大手笔，拼力承建杜拜坟墓》……

面对困难，郑周永信心百倍，表现出超凡脱俗的大家风度。对于怎样运输沉箱，郑周永又做了一大创举，显示出惊人的魄力，也确确实实舍得"孩子"。郑周永大胆、果断地决定采用立体平台船装载运输沉箱，用 1 万马力的拖船拖运。这种平台船每次可装 5 座沉箱，这种沉箱每座按韩国货币计算，造价 5 亿元，也就是说每次运输将有损失 25 亿元的风险，这对郑周永来说，不可能不是一件非常头疼的事情，更何况 89 座沉箱，需运 18 次，风险之大，可想而知。

但是郑周永既然舍得"孩子"，就不会畏惧这样的风险。再者，如果成功了，那将会赚到数不尽的金钱。结果，沉箱一船一船运到沙特阿拉伯的杜拜海湾，除掉一次在新加坡与一艘台湾渔船相撞，因平台船倾斜，被迫丢掉一座沉箱外，前后运送 17 次都安全到达，沉箱运输获得了成功。

郑周永和他的员工们克服了一个又一个困难，最后终于建成杜拜海湾工程，而且工期比原计划的 36 个月提前了 8 个月。

魄力惊人的郑周永留给人们的不仅仅是一个又一个成功的商业神话，还有使人们一生受用不尽的精神财富。

### 商径深解

成功的辉煌往往能对商人产生巨大的诱惑和召唤力，困难在他们眼里会变成往记功簿上填写的内容。这时他们不但会表现出巨大的勇气，还能发挥非凡的智慧。

取信于人，孤注一掷，绝地冒险，开拓局面，决策大胆，勇气惊人都是成功商人所具有的品质。他们可以将困难变成成就他们财富梦想的基石，当他们四两拨千斤，将困难化为乌有，代之以财富时，抽身而退的人后悔不迭，冷眼旁观的人垂涎不已。

敢于逆流而上冒险前进的商人，最终都会从财富的金山中寻觅到属于自己的那一块。